Pattern
English

지은이 **강남길**

극동대학교 영어학과 교수
충북대학교 영어영문학과 졸업
서강대학교 대학원 영어영문학과 졸업 (영어통사론 전공)
서강대학교 대학원 영어영문학과 박사과정 중 유학
University of Oxford 대학원 졸업 (영어통사론 석사)
University of Oxford 대학원 졸업 (영어통사론 박사)

지은이 **이은정**

충북교육청 소속 교사
국군간호사관학교 졸업
방송통신대학교 영어영문학과 졸업
충남대학교 보건대학원 졸업 (석사)
방송통신대학교 대학원 실용영어학과 수료

Pattern English

발행일 2016년 9월 9일
지은이 강남길 · 이은정 **발행인** 이성모
발행처 도서출판 동인 / 서울시 종로구 혜화로 3길 5, 118호
등 록 1-1599호
전 화 (02)765-7145 **팩스** (02)765-7165
이메일 dongin60@chol.com

ISBN 978-89-5506-729-3 **정가** 13,000원

Pattern
English

– 회화와 영작을 한꺼번에 –

강남길 · 이은정 지음

도서출판 동인

우리는 물건을 사고팔면서 하루에도 수없이 계산을 한다. 수백 수천 단위의 계산도 어렵지 않게 한다. 우리가 평생토록 하는 숫자계산은 초등학교에서 배운 구구단의 기본원리를 이용하는 것뿐이다. 그리고 하루에도 수없이 연산의 바다로 항해한다.

옛날 BC 7세기 이전으로 거슬러 올라가 이집트에 파라오(고대 이집트 국왕의 칭호) 'Psammetichus'라는 사람이 있었다. 그는 아이를 격리시켜 성장하게 해 그 아이가 언어를 할 수 있는지 살펴보고자 했다. 그는 아이가 사회와 격리되어도 언어를 습득할 수 있는지 알고자 했던 것이다. 그 후 그 파라오의 실험 결과에 대해서 믿을만한 보고는 없지만 언어는 습득하지 못했으리라 생각한다. 즉 아동이 모국어의 자음과 모음을 완전히 습득했다고 보는 나이에 대한 연구가 선진각국에서 이미 오래전에 이루어졌다(Pool 1934, Templin 1957, Prather 1975 등). 일반적으로 비음, 파열음, 파찰음, 유음, 그리고 마찰음 순서로 습득하는 것으로 보고되어 있다. 파열음, 파찰음 그리고 비음은 5세에 완성되고 있으나 마찰음과 유음은 5세 이후에도 계속 발달하는데 그 시기를 놓친 아이들은 언어장애를 일으킬 수 있다. 그러므로 이런 연구결과로 미뤄볼 때 그 아이가 언어를 습득했다고 볼 수 없는 이유인 것이다. 언어교육이 조기에 이루어져야 하는 것은 당연하다. 가르치는 사람은 연산을 할 때 필요한 구구단의 원칙과 같은 핵심 부분을 찾아내어 교육시키고 학생들은 핵심부분을 암기하고 수없는 연산의 바다로 항해해가는 즐거움을 누려야 한다. 그러기 위해서 언어습득에 필요한 핵심부분을 찾아내어 시스템을 만드는 것이 시급하다.

그러면 어떤 시스템을 구축해야 하는가? 문장을 암기하는 교육이 영어를 잘하는 가장 큰 비결이다. 가령 '소풍 가다'라는 말을 영어로 한다고 하자. 한국에서 교육받은 사람이라면 우선 재빠른 문법분석에 들어간다. picnic과 go라는 단어는 생각나지만 '소풍 간다'라는 말을 쉽게 떠올리지 못하는 사람들도 있다. 소풍 간다는 말은 영어로 go on a picnic이다. 이 표현에 사용된 단어는 모두 초급단어에 불과하다. 대학교육을 받고도 '소풍 간다'라는 말을 사용할 수 없다면 우리의 영어교육은 분명 문제가 있다. 따라서 단어를 암기하는 것은 물론 영어의 최소이자 시작이지만 문장을 암기하는 것이 영어의 완성이다. 그러므로 영어를 잘하려면 이처럼 영어표현을 암기하는 것이 꼭 필요하다. 부모는 자녀가 영어단어를 암기하는 것도 중요하지만 영어표현을 암기하고 있는가를 꼭 확인하는 것이 절대적으로 중요하다. 가령 아이가 학원에서 go on a picnic을 배웠다고 하자. 그러면 그 아동은 곧 또 다른 표현을 접할 것이다. '다이어트 하다'는 어떻게 표현할까? go on a diet라고 표현한다. 그럼 '다이어트 중이다'는 어떻게 표현할까? be on a diet라고 한다. '소개팅에 가다'는 어떻게 할까? go on a blind date라 한다. 언어는 이처럼 공통규칙을 가질 수 있다. 이것이 사칙연산을 가능하게 하는 구구단과 같은 언어의 패턴인 것이다. 전혀 어렵지 않은 표현인데 한국에서 영어공부를 한사람은 표현과 글을 쓰는 데 어려움을 느끼게 된다. 그것은 결국 시스템의 문제이다. 어떤 회사가 좋은 시스템을 사용한다면 시종일관 좋은 시스템으로 그 회사는 흥하고 부를 가져다 줄 것이다. 반면에 나쁜 시스템을 쓰게 되면 효과도 시종일관 적어질 것이고 생존경쟁에서 살아남지 못할 것이다. 이것은 한국교육이 변해야 하는 중요한 문제이기도 하다. 요즘 fast food점이 성행하고 있다. 전 세계에서 햄버거의 맛은 어느 곳에서나 동일하다. 그것은 햄버거에 들어가는 재료나 맛을 내는 내용물이 세계 어디서나 동일하기 때문이다. 이것은 세계 어디서나 같은 시스템을 사용하기 때문이다. 대부분 우리가 사업이나 일에서 실패하는 요인은 시스템에서 찾을 수 있다. 사람의 실수보다는 시스템에서 오는 문제 때문이다. 우리는 흔히 문제를 알고도 변화하기를 겁낸다.

비록 문제가 있지만 우리가 변화하지 못하는 이유는 익숙한 것은 언제나 편안함을 주기 때문이다. 비록 익숙하지만 잘못 작동하는 시스템은 과감하게 버려야 한다. 만일 서쪽으로 가고 싶은데 동쪽으로 가고 있다면 어떻게 해야 할까? 방향을 바꾸는 노력이 필요하다. 이제 교육도 바뀌어야 할 때이다.

외국인들이 한국 사람에게 놀라는 이유가 있다 한다. 영어공부를 굉장히 많이 하는데 말을 할 수 있는 사람은 드물고 영어 수업시간에 외국인이 하는 말은 잘 못 알아듣는데 시험은 잘 본다는 것이다. 영어 공부의 성패는 효율적인 시스템을 선택해야 하는 것이 분명하다. 패턴을 통한 영어 학습은 효과를 배가시킬 것이다. 따라서 go on a diet, be on a diet, go on a picnic, go on a blind date등은 같은 패턴에서 go on a picnic을 암기하든 go on a diet를 암기하든 한 표현만 암기하면 손쉽게 다른 표현도 얻을 수 있다. 이것은 마치 구구단의 핵심표현과 같은 것이다. 그리고 약간의 변형이 있지만 '파업에 들어가다'는 영어로 go on strike라 한다. 이때는 부정관사 a를 쓰지 않는다. 그러므로 영어 공부의 성패는 단어의 암기라기보다는 표현의 암기이며 이런 표현들이 우리 머릿속에 저장되면 말과 듣기, 쓰기는 보다 빠르고 신속하게 이루어질 수 있다. 소위 말하기, 쓰기, 읽기 중 무엇부터 배워야 하는가의 순서 문제가 아닌 것이다. 학습의 효율을 위해서 이것이 우리가 패턴 영어를 공부해야 하는 이유이다.

Contents | Pattern English

Contents | Pattern English

Contents | Pattern English

Contents | Pattern English

Contents | Pattern English

queue

그들은 절대 줄지어 버스를 기다리지 않는다.
→ They never queue up for a bus.

나는 일전에 줄을 섰다.
→ I joined the queue the other day.

나는 새치기를 했다.
→ I jumped the queue.

택시를 타실 분은 여기에 줄을 서시오.
→ Queue here for taxis.

어휘 공부

- queue up: 줄서다
- join the queue: 줄서다

beg for

그녀는 음식을 구걸하고 있었다.
→ She was begging for food.

그녀는 자비를 구했다.
→ She was begging for mercy.

선생님, 저를 보내달라고 제가 빌고 있잖아요.
→ Teacher, I'm begging for you to let me go.

우리는 더 이상 도움을 구걸하지 않을 것이다.
→ We are not going to beg for help anymore.

어휘 공부

• beg for: 구걸하다

chat

너는 온라인으로 채팅하는 것을 좋아하니?
→ Do you like to chat online?

그들은 커피를 마시면서 노닥거렸다.
→ They chatted over a cup of coffee.

수다 떨러 왔다.
→ I've come here to chat.

그녀와 수다를 떨었다.
→ I chatted with her.

어휘 공부

* chat: 수다 떨다
* chat over a cup of coffee: 커피 마시면서 이야기하다

I didn't mean to

미안해요. 그럴 생각은 아니었어요.
→ I'm sorry. I didn't mean to.

미안해요. 겁줄 생각은 아니었어요.
→ I'm sorry. I didn't mean to scare you.

방해할 생각은 아니었어요.
→ I didn't mean to bother you.

수고를 끼쳐드릴 생각은 아니었어요.
→ I didn't mean to cause you trouble.

당신의 마음을 아프게 할 생각은 아니었어요.
→ I didn't mean to hurt your feelings.

어휘 공부

• I didn't mean to: 그럴 생각이 아니었어요

leave

혼자 있게 해줘요.
→ Leave me alone.

자리 좀 비켜주겠어요?
→ Can you leave us alone, please?

하루만 저를 혼자 있게 해줄 수 없나요?
→ Couldn't you leave me alone just for today?

문을 그대로 열어두세요.
→ Leave the door open, please.

문을 열어놓다니 내가 조심성이 없었다.
→ It was careless of me to leave the door open.

불을 켜놔.
→ Leave the light burning.

어휘 공부

• leave + 목적어 + 목적보어: ~를 ~한 상태로 놔두다

almost

하마터면 깜빡 잊을 뻔했네.
→ I almost forgot.

그녀는 미끄러져 거의 넘어질 뻔했다.
→ He slipped and almost fell.

어휘 공부

- almost + 과거동사: 거의 ～할 뻔했다

come out

금년에는 옥스퍼드에서 벚꽃이 일찍 피었다.
→ The cherry blossom came out early in Oxford this year.

올해는 수선화가 일찍 피었다.
→ The daffodils came out early this year.

영어판은 2016년 초에 출판되었다.
→ The English edition came out in early 2016.

어휘 공부

● come out: 꽃이 피어나다, 책이 출판되다

back

금방 다녀올게요.
→ I'll be back in a minute.

금방 돌아올게요.
→ I'll be back shortly.

그녀는 컨디션을 회복했다.
→ She is back in shape.

싱크대에 물이 막혔다.
→ The sink is backed up.

수 마일에 걸쳐 차량이 정체됐다.
→ Cars are backed up for miles.

어휘 공부

- be back: 돌아오다
- be backed up: 꽉 막히다

take

너무 신경 쓰지 마라(너무 비관하지 마라). → Don't take it so hard.

그것을 가져가겠어요. → I'll take it.

가져도 좋다. → You can take it.

아 그것 취소해. → Oh, take it back.

네가 그 파티에 안 온다는 얘기지?
→ I take it that you won't be coming to the party.

너무 심각하게 받아들이지 말길 바라.
→ I hope you shouldn't take it seriously.

문자 그대로 그것을 받아들일 이유가 없습니다.
→ There is no reason to take that literally.

그의 제안을 가볍게 받아들여. → Take his suggestion lightly.

어휘 공부

- take it so hard: 신경 쓰다   • take: 가져가다, 갖다   • take it back: 취소하다
- take it that: ~라는 뜻이지요   • take it seriously: 심각하게 받아들이다
- take that literally: 문자 그대로 받아들이다   • take lightly: 가볍게 받아들이다

think of

지금은 공부하는 것 말고는 아무 생각 마.

→ Don't think of anything except your study now.

그녀는 존을 빼고는 아무것도 생각할 수 없다.

→ She can't think of anything except John.

가족을 빼고는 쓸만한 소재를 생각할 수 없다.

→ I can't think of anything to write about except my family.

다른 생각은 없어? → Can't you think of anything else?

만약에 뭐 생각나면 알려줄게.

→ If I think of anything, I'll let you know.

그녀의 선생님들은 그녀를 높이 평가한다.

→ Her teachers think highly of her.

내 엄마는 내 여자 친구를 탐탁하게 여기지 않는다.

→ My mom thinks poorly of my girl friend.

어휘 공부

- think of anything except: ~을 제외하고는 아무 것도 생각하지 않다
- think of: ~에 대해서 생각하다   • think highly of: ~을 높이 평가하다
- think poorly of: ~을 과소평가 하다

get out

일찍 집에서 나왔어요.
→ I got out early.

얼른 나가세요! 그래야 내가 놀 수 있죠.
→ Hurry up and get out, so I can play.

이제 내 방에서 나가줘.
→ Now, please get out of my room.

나가서 사람 좀 만나고 그래.
→ Get out and meet some people.

어휘 공부

• get out: 나가다

come back

돌아올 거니?
→ Are you coming back?

미니스커트가 다시 유행하고 있는 것 같다.
→ The mini skirt seems to be coming back in fashion.

우린 식료품 가게에서 돌아오는 길이었죠.
→ We were coming back from the grocery store.

그녀가 아마도 화장실에서 돌아오는 것 같구나.
→ Maybe she's coming back from a restroom.

돌아올 테니 그때 이야기하자.
→ I'm coming back. Let's talk then.

어휘 공부

● come back: 되돌아오다

going

가겠어요. 잘 있어요.
→ I'm going now. So long.

어디로 가는지 잘 모르겠어.
→ I don't know where we are going.

나는 시험 보러 학원에 가고 있어.
→ I am going to the academy for a test.

그녀는 그를 만나러 학교에 가는 중이다.
→ She is going to the school to see him.

너 어디 외출할 거니?
→ Are you going somewhere?

hear

당신이 돌아왔다는 얘기 들었어요.
→ I heard you were back.

직장을 바꿨다는 얘길 들었어.
→ I heard you changed your job.

그는 지난주부터 앓고 있다고 한다.
→ I hear he has been ill since last week.

어휘 공부

● hear + that + 주어 + 동사: ~이라고 듣다

glad

당신이 집에 돌아오니 기뻐요.
→ I'm glad you are home.
　　* 다녀왔어요 (집에 돌아올 때) → I am home.

마음에 드신다니 다행이에요.　→　I'm glad you like it.

그렇게 말해줘서 기뻐.　→　I was glad you said it.

제때에 와주셔서 고맙습니다.
→ I'm glad you made it at the right time.

마침내 당신에게 소식을 들으니 기뻐요.
→ I am glad to hear from you at last.

듣던 중 반가운 소리네요.　→　I am glad to hear that.

그 소식을 듣고 기뻤다.　→　I was glad at the news.

난 그 결과에 만족해.　→　I feel glad at the result.

어휘 공부

• I am glad that 주어＋동사: ~하니 기쁘다　　• I am glad to do: ~하니 기쁘다
• glad at: ~에 기쁘다

get

나는 그녀에게 책을 주었어.

→ I got her a book.

걔에게 시계를 주었어.

→ I got her a watch.

내가 너에게 펜 줬잖아.

→ I got you a pen.

내가 커피 갖다 줬잖아.

→ I got you some coffee.

그는 그녀에게 다이아몬드 반지를 줬어.

→ He got her a diamond ring.

어휘 공부

• get(give): 선물을 주다

good

좋았어! (됐어!) 그거 잘됐군요.

→ Good for you.

카레는 맛있을 뿐만 아니라 몸에도 좋답니다.

→ Curry is not only delicious but also good for you.

운동은 여러분에게 좋아요.

→ Exercise is good for you.

복숭아는 몸에 좋아요!

→ Peaches are good for you!

어휘 공부

* be good for: ~에 좋다

touch

물고기(생선)를 만지는 것이 싫어.
→ I don't like touching fish.

그것들을 만진 후에 반드시 손을 씻으세요.
→ Make sure to wash your hands after touching them.

벽을 만지지 말아요.
→ Stop touching the wall.

나는 그에게 내 카메라를 만지지 말라고 경고했다.
→ I warned him not to touch my camera.

어휘 공부

* like + ~ing: (일반적으로) ~하는 것을 좋아하다

hurt

손가락이 아파요.
→ My finger hurts.

등이 아직 아파.
→ My back still hurts.

콜록! 콜록! 황사 때문에 목이 너무 아파.
→ Cough! Cough! My throat hurts because of the yellow sand.

여러분의 눈이 아파지자마자 병원에 가세요.
→ Go to a hospital as soon as your eyes hurt.

다리가 무척 아팠어.
→ My legs hurt a lot.

기침을 하면 아파요.
→ It hurts me to cough.

어휘 공부

• 주어 + hurt: ~이 아프다

fun

해봐. 재미있어.
→ Come on. It is fun.

외국어를 배우는 것은 재미있다.
→ It is fun to learn a foreign language.

혈액형으로 성격을 판단해보면 재미있어.
→ It's fun to judge personalities by blood types.

야구 경기를 보는 건 재밌어.
→ It is fun to watch baseball games.

맨발로 걸을 때 느낌이 좋다.
→ It's fun walking on bare foot.

어휘 공부

* it is fun: 재미있다
* it is fun to do: ～하는 것이 재미있다
* it is fun ～ing: ～하는 것이 재미있다

sick and tired of

나는 수학에 진저리가 난다. → I'm sick and tired of math.

저는 사장님에게 질렸어요. → I am sick and tired of the boss.

집에만 있는 건 정말 신물이 나요.
→ I'm sick and tired of staying home.

같은 말 되풀이하는 것도 진절머리가 나요.
→ I'm sick and tired of saying the same thing.

난 이거에 완전 질렸어. 더 이상 참을 수가 없어!
→ I'm so sick and tired of this. Can't stand this anymore!

그들은 곧 해변에 싫증을 느끼고 산책을 하러 갔다.
→ They soon tired of the beach and went for a walk.

어휘 공부

- be sick and tired of: ~에 질리다
- tire of something / somebody: ~에 질리다

relax

근육의 긴장을 풀고 심호흡을 해봐.
→ Relax your muscles and take deep breaths.

난 당분간 좀 쉬어야 해요.
→ I need to relax for a while.

잠시 쉬는 게 어때?
→ Why don't you relax for a second?

너 눈 좀 쉬게 해야 돼.
→ You need to relax your eyes.

어휘 공부

• relax: 긴장을 풀다

have

그녀는 너의 눈을 닮았다.
→ She has your eyes.

그녀는 너의 미소를 닮았어.
→ She has your smile.

당신은 눈매가 어머니를 닮았네요.
→ You have your mother's eyes.

너는 아빠의 코와 엄마의 귀를 닮았다.
→ You have your dad's nose and your mom's ears.

그는 너와 웃는 모습이 똑같아. 그리고 그는 너와 눈이 닮았어.
→ He has your smile. And he has your eyes.

어휘 공부

• 주어 + have(has) + 소유격 + 신체일부: 누가 누구의 ~를 닮다

go too far

너무 멀리 가지 마라.
→ Don't go too far.

그녀와 너무 깊이 사귀지 마라.
→ Don't go too far with her.

제발 농담 좀 그만해.
→ Don't go too far with your jokes, please.

어휘 공부

* go too far: 멀리 가다

have fun

재미있는 시간 보내.

→ Have fun.

학교생활은 재미있니?

→ Do you have fun in school?

많은 어린이들이 가족과 함께 즐거운 시간을 보내고 싶어 합니다.

→ Many children want to have fun with their family.

눈이 녹기 전에 즐겨요!

→ Have fun before it melts away!

어휘 공부

• have fun: 재미있게 보내

don't get me wrong

오해하지 마.
→ Don't get me wrong.

오해하지 마세요. 불평하는 게 아닙니다.
→ Don't get me wrong. I'm not complaining.

그런 뜻이 아니었어. 그러니 오해는 하지 마라.
→ I didn't mean it. So don't get me wrong.

나쁜 생각은 전혀 없으니, 나쁘게 보지 마세요.
→ I had nothing bad in mind. Don't get me wrong.

어휘 공부

• don't get me wrong: 오해하지 마

Pigs might fly

돼지가 날지도 몰라(그런 일은 있을 수 없다).
→ Pigs might fly.

지옥이 얼어붙으면 널 사랑할 거야(그럴 일 절대 없다).
→ I will love you when hell freezes over.

전혀 가망 없는 일이야.
→ There isn't a snowball's chance in hell.

어휘 공부

• 많은 사람들이 지옥은 불이 가득 찬 아주 뜨거운 곳이라 생각한다. 따라서 지옥에서 눈덩
  어리를 볼 기회는 없기 때문에 유래된 표현이다.

water off a duck's back

그것은 아무 효과가 없다.

→ It's like water off a duck's back.

그는 동료들로부터 욕을 먹었지만 아무런 효과도 없었다.

→ He was criticized by his colleagues but it was water off a duck's back.

난 내 아들에게 뭘 하라고 말을 할 수가 없어요. 내 말은 귓등으로도 안 들으니.

→ I can't tell my son what to do. It's water off a duck's back with him.

그 모든 비난이 내게는 전혀 영향을 끼치지 못한다.

→ All the criticism is water off a duck's back to me.

어휘 공부

- water off a duck's back: 효과가 없다
  오리 궁둥이 쪽의 깃털은 oily한 막으로 덮여 있다. 이 지방성분이 물에서 헤엄치는 동안 깃털에 물이 스며들지 않도록 해준다. 물이 오리 깃털에 스며들지 못하므로 오리 위에 물을 부으면 전부 밖으로 흘러내린다. 즉, water off a duck's back은 노력해봤자 소용없는 행동으로 헛수고를 지칭하는 말이다(=You're pouring water over a duck's back).

awake / asleep

잠 깼었니? 잠들었니? → Are you awake? Are you asleep?

나는 불면증 때문에 매일 밤 잠이 깬 채 누워 있다.
→ I lie awake every night because of insomnia.

그녀는 밤마다 걱정하느라 잠을 이루지 못했다.
→ She lay awake worrying night after night.

간밤엔 온밤을 꼬박 뜬눈으로 새웠다.
→ I stayed awake all night yesterday.

잠든 지 얼마나 되었니? → How long has he been asleep?

그 영화가 지루해서 나는 잠이 들었다.
→ The film was boring, so I fell asleep.

어휘 공부

• awake: 잠이 깨다
• asleep: 잠이 들다

How do I look?

나 어때?
→ How do I look?

저 이 옷 입은 거 어때요?
→ How do I look in this dress?

이번에 선글라스를 새로 샀는데 어때, 어울리니?
→ I bought new sunglasses. How do I look?

나 어때요? 괜찮아 보여요?
→ How do I look? Do I look all right?

어휘 공부

* How do I look?: 나 어때요?

take one's time

저는 바쁘지 않아요. 천천히 하세요.
→ I'm in no hurry. Take your time.

서두르지 말고 빈틈없이 하도록 해.
→ Take your time and do it right!

천천히 하세요. 급한 일 아니니까.
→ Take your time. There's no hurry on it.

천천히 둘러보세요.
→ Take your time and look around.

어휘 공부

• take one's time: 천천히 하다

change one's mind

저는 생각(마음)을 바꾸지 않을 거예요.

→ I'm not going to change my mind.

색깔이 마음에 들지 않아서 바꾸려고 합니다.

→ I want to change my mind because I don't like the color.

무슨 일이 있어도 내 마음은 변치 않는다.

→ Whatever may happen, I will not change my mind.

어휘 공부

* change one's mind: 생각을 바꾸다

get together

나중에 언제 우리 만납시다.
→ Let's get together some time.

가까운 시일 내에 다시 만나 뵈었으면 합니다.
→ I hope we'll get together again in a few days.

우리 다음 주에 만나는 거 어때?
→ Why don't we get together next week?

몇 시에 만날까요?
→ What time shall we get together?

가족들과 함께 모일 계획입니다.
→ I'm planning to get together with my family.

어휘 공부

● get together some time: 나중에 언제 만나다
● get together: 자리를 같이 하다

thank you for

도와주셔서 감사합니다.

→ Thank you for your help.

커피 감사합니다.

→ Thank you for the coffee.

생각해주셔서 감사합니다.

→ Thank you for the thought.

차 잘 마셨습니다. 감사합니다.

→ Thank you for the tea.

어휘 공부

* Thank you for 다음에 소유격을 쓰든지, 정관사 the를 주로 쓴다.

bored to death

지루해 죽을 뻔했다.
→ I was bored to death.

교장 선생님의 연설은 참 지루했다.
→ We were bored to death by the principal's speech.

강의 시간에 지루해서 죽을 뻔했다.
→ I was bored to death during the lecture.

그 사람의 연설은 정말 지겨웠어요.
→ His speech bored me to death.

이 책은 나한테 지루하기 짝이 없었어.
→ This book actually bored me to death.

어휘 공부

• bored to death: 지루해 죽을 뻔하다

deeply moved

나는 깊이 감동받았다.
→ I was deeply moved.

그 영화를 보고 진한 감동을 느꼈다.
→ I was deeply moved by the movie.

나는 이 소설을 읽고 굉장히 감동받았습니다.
→ I was deeply moved reading this novel.

나는 브람스의 몇몇 음악이 매우 감동적이라고 생각한다.
→ I find some of Brahms's music deeply moving.

어휘 공부

* deeply moved: 깊이 감동받다

don't tell me

그녀가 거짓말쟁이라는 말은 아니겠지.
→ Don't tell me she is a liar.

그녀가 바보라는 말은 아니겠지.
→ Don't tell me she is foolish.

설마 어젯밤 늦게까지 일한 건 아니겠지.
→ Don't tell me you worked late last night.

네가 나한테 화났다는 말은 아니겠지.
→ Don't tell me you're angry with me.

어휘 공부

● Don't tell me + 주어 + 동사: ~라는 말은 아니겠지

try

다이어트 해봤니?
→ Have you tried diets?

태국 음식 먹어 봤니?
→ Have you tried Thai food?

TV에서 광고하고 있는 새 샴푸를 써봤니?
→ Have you tried that new shampoo they've been advertising on TV?

무슨 일인지 자세히 설명해보세요.
→ Try to describe exactly what happened.

너 전에 볼링해본 적 있니?
→ Have you tried bowling before?

어휘 공부

• try: 시도하다, 애쓰다, 힘쓰다
• try to: 시도하다
• try + ~ing: 실제 해보다

lose

너 살 좀 뺐으면 해.
→ I'd like you to lose your weight.

나는 이 살 좀 뺐으면 한다.
→ I want to lose this weight.

나는 살을 많이 뺐어요.
→ I've lost a lot of weight.

나 살 좀 빼야겠어.
→ I need to lose some weight.

너 살 좀 빠진 것 같이 보이는데.
→ You look like you have lost some weight.

어휘 공부

• lose one's weight: 살을 빼다
• lose weight: 살을 빼다, 살이 빠지다

one thing

한 가지 얘기해도 되지? → Can I tell you one thing?

한 가지 말해줄 게 있어. → Let me tell you one thing.

마지막으로 너에게 한 마디만 할게.
→ Let me tell you one last thing.

그런 거 있잖아(내가 한 가지 얘기해 줄게). → I will tell you what.

제가 이해 안 가는 것이 한 가지 있어요.
→ There is one thing I don't understand.

나를 아직도 속상하게 하는 것이 하나 있어.
→ There is one thing that still upsets me.

거기에는 분명히 해야 할 것이 있어.
→ There is one thing that must be made clear.

내가 싫어하는 게 하나 있다면, 지각하는 거야.
→ If there is one thing I hate, it is being late.

어휘 공부

• one thing: 한 가지

easy to

말하긴 쉽죠.
→ That's easy to say.

잊어버리기 쉽지.
→ That's easy to forget.

그건 만들기 쉬워.
→ It's easy to make.

네 이름은 기억하기 쉽네.
→ Your name is easy to remember.

어휘 공부

* easy to: ~하기가 쉬운

keep

그것을 꼭 명심하세요.
→ Just keep that in your mind.

명심할게.
→ I will keep that in mind.

시간은 돈이라는 걸 명심해.
→ Keep in mind that time is money.

내가 한 말을 명심해라.
→ Keep in mind what I told you.

어휘 공부

- keep + 목적어 + in one's mind: ~을 명심하다
- keep과 in mind 사이에 목적어를 넣어 '목적어를 명심하다'라는 뜻이 된다. 목적어가 긴 경우에는 목적어를 뒤로 빼기도 한다.

try calling

전화해봤니?

→ Have you tried calling?

너한테 여섯 번이나 전화했었어.

→ I tried calling you six times.

다시 걸어줄래?

→ Can you try calling back?

어휘 공부

◈ try calling: 전화를 하다

go on

그는 휴가를 갔다.
→ He went on holiday.

어떤 친구들은 다이어트도 해.
→ Some friends even go on a diet.

그녀와 데이트 했어.
→ I went on a date with her.

우리는 어제 소풍을 갔어.
→ We went on a picnic yesterday.

보석들은 처음으로 여기에서 전시될 거야.
→ The jewels will go on display here for the first time.

어휘 공부

- go on holiday: 휴가를 가다
- go on a diet: 다이어트에 들어가다
- go on a date: 데이트 하다
- go on a picnic: 소풍 가다
- go on display: 전시되다

think about

그것을 생각해보세요.
→ Think about it.

이 가족에 대해 어떻게 생각하나요?
→ What do you think about this family?

나는 나의 버킷 리스트에 대해 생각해보았어.
→ I thought about my own bucket list.

어휘 공부

* think about: ~에 대해서 생각하다

explain why

왜 그런지 이유를 설명해주겠니?
→ Can you explain why?

학생들에게 왜 이렇게 되는지 설명해보라고 했습니다.
→ I asked my students to try and explain why it happened.

그래서 그렇게 새까맣게 탄 거구나.
→ That explains why you look so roasted.

어휘 공부

◦ explain why: 이유를 설명하다

Danger past, god forgotten

뒷간에 갈 때 마음 다르고, 올 때 마음 다르다.

→ Danger past, god forgotten.

→ Once on shore, we pray no more.

→ Men pray to God only when they are in trouble.

sit close

서로 가까이 앉아.
→ Sit close together.

책상에 가까이 앉아서 손을 위에 올려놔.
→ Sit close to your desk with your hands resting on the surface.

거기는 추우니까 좀 더 난로에 다가앉아라.
→ It's cold there. Sit closer to the fire.

텔레비전에 너무 가까이 앉지 마.
→ Don't sit so close to the television.

어휘 공부

● sit close: 가까이 앉다

see

네가 그녀에게 얘기하는 것을 보았다.
→ I saw you talk to her.

비행기가 착륙하는 것이 보였다.
→ I saw the plane land.

우리는 그가 그 가게에 들어가는 것을 보았다.
→ We saw him enter the store.

나는 그녀가 노래하는 것을 보았다. (노래하는 전 과정을 보았을 경우)
→ I saw her sing.

나는 그녀가 노래하고 있는 것을 보았다. (노래하고 있는 일부 과정만 보
았을 경우)
→ I saw her singing.

어휘 공부

- see + 목적어 + 동사원형: ~가 ~하는 것을 다 보다
- see + 목적어 + ing: ~가 ~하는 것을 일부 보다

I don't see why not

안 될 이유를 알 수 없군요(좋고말고요).

→ I don't see why not.

승낙할까? / 안 그럴 이유가 없죠.

→ Will he approve? / I don't see why not.

와도 됩니까? / 좋고말고요.

→ May I come? / I don't see why not.

어휘 공부

* I don't see why not: 안 될 이유를 알 수 없다

head

그는 남쪽(북쪽, 서쪽, 동쪽)으로 향하고 있다.
→ He is heading south(north, west, east).

집으로 가는 중인데 문을 연 데가 하나도 없는데.
→ I'm heading home. Nothing is open.

너 어디 가고 있니? → Where are you heading?

학교로 가자. → Let's head to school.

이 버스는 동해안으로 가고 있어요.
→ This bus is heading toward the east coast.

그는 지붕으로 향하고 있다. → He is heading for the roof.

우리는 아침 일찍 해변으로 향했어.
→ In the early morning, we headed for the beach.

대전역으로 가는 25번 버스입니까?
→ Is this the Number 25 bus headed for Daejeon Station?

어휘 공부

● heading + 부사: ~로 향하다   ● heading + to, toward, for + 명사: ~로 향하다

have p.p

나는 방금 이 일을 끝마쳤어.

→ I have just finished this work.

나는 쭉 생각을 하고 있어요.

→ I have been thinking.

한국 스타들이 점점 인기가 많아지고 있다.

→ Korean stars have been getting popular.

우리는 5,000년 이상 동안 쌀을 먹어왔습니다.

→ We have been eating rice for more than 5,000 years.

어휘 공부

- have + p.p: 완료, 지속적
- have + been + ing: 미완성, 지속적이지 않음

be in trouble

그는 여전히 크게 곤경에 처해있지만 그는 잘 처리할 것이다.

→ He is still in a lot of trouble, but he will make it.

저는 학교 다닐 때 말썽을 많이 일으켰습니다.

→ I got into a lot of trouble when I was in school.

영작하는 게 너무 어려워.

→ I have a lot of trouble with writing English.

어휘 공부

- be in trouble: 어려움에 처하다
- get into trouble: 말썽을 일으키다
- have trouble: 어려움에 처하다

makeup

너 화장했니? →   Are you wearing makeup?

언제부터 화장하기 시작했어요?
→ When did you start wearing makeup?

어떤 학생들은 화장을 했을 때 더 자신감을 느끼거든.
→ Some students feel more confident when they wear makeup.

화장하는 것이 금지되어 있어.
→ I wasn't allowed to wear makeup.

너 매일 화장해? →   Do you put on makeup everyday?

난 외출하기 전에 화장을 한다.
→ I put on makeup before I go out.

어휘 공부

* wear makeup: 화장을 한 상태
* put on makeup: 화장을 하고 있는 그 자체의 동작

complicated

이야기하자면 복잡해요.
→ It's complicated.

매우 복잡하게 들릴지 모르지만, 사실 굉장히 간단해.
→ It may sound very complicated, but actually, it's simple.

사용설명서가 매우 복잡해 보인다.
→ The instructions look very complicated.

이것이 모두 대단히 복잡하지만 제가 설명하도록 해보겠습니다.
→ It's all very complicated, but I'll try and explain.

어휘 공부

• complicated: 복잡한

long story

이야기하자면 길어요.
→ It's a long story.

그의 긴말에는 질색이다.
→ He tires me with his long stories.

간단히 말할게, 나 완전 큰 실수했어.
→ Long story short, I made a big mistake.

네가 무슨 말 하려는지 알겠는데, 간단히 말하자면 그건 그냥 최악이야.
→ I understand what you're trying to say, but long story short, that's just terrible.

어휘 공부

• long story: 긴 이야기
• long story short: 간단히 말하자면

let

안으로 들어오게 해주세요. → Please, let me in

그는 나를 서재로 안내하였다. → He let me in his study.

그들은 휴식 시간이 될 때까지 나를 들여보내주지 않았어요.
→ They wouldn't let me in until intermission.

들어가게 해주셔서 감사합니다. → Thanks for let me in.

밖으로 나가게 해주세요. → Please, let me out.

제가 밖에 나갈 수 있도록 해주실래요?
→ Would you please let me out?

저기서 내려줘. → Let me out over there.

모퉁이에서 내려주세요. → Let me out on the corner.

저 식당 맞은편에서 내려주세요.
→ Let me out across from that restaurant.

어휘 공부

• let me in: 안으로 들여보내주다
• let me out: 나갈 수 있도록 해주다, 내려주다

get the picture

사정을 알겠습니까?
→ Get the picture?

당신은 지금쯤 아시겠군요.
→ You must be getting the picture by now.

감이 오기 시작하는데.
→ I'm beginning to get the picture.

어휘 공부

◦ get the picture: 사정을 알다

catch

나는 비를 만났어요.
→ I was caught in the rain.

나는 안개에 휩싸였어요.
→ I was caught in the fog.

교통이 막혀서 빠져나오지 못했어요.
→ I was caught in the traffic.

* 늦어서 죄송해요. 워낙 교통이 혼잡했어요.
    → I'm sorry. The traffic was so bad(=so heavy).

어휘 공부

* caught in the rain: 비를 만나다
* caught in the fog: 안개에 휩싸이다
* caught in the traffic: 교통에 막혀 빠져나오지 못하다

keep

목소리 좀 낮춰주세요.

→ Please keep your voice down.

→ Do you mind keeping it down?

→ Would you please keep it down?

조용히 해주면 안 되겠나?

→ Can't you guys keep it down?

---

speak up

크게 말씀해주시겠어요?
→ Speak up, please?

조금만 크게 말씀해주시겠어요? 잘 안 들려서요.
→ Can you speak up a little? I can't hear you.

미안해요, 크게 말하죠.
→ I'm sorry, I'll speak up.

죄송합니다만, 좀 더 큰소리로 말씀해주시겠습니까?
→ Excuse me, but would you mind speaking up?

어휘 공부

* speak up: 크게 말하다

right back

금방 돌아올게요.
→ I'll be right back.

전 은행에 갔다가 바로 돌아왔습니다.
→ I went to the bank and I came right back.

금방 마실 것을 가지고 올게.
→ I'll be right back with your drinks.

잠시 후에 돌아올게.
→ Back in a minute

어휘 공부

◦ be, come + right back: 곧 돌아오다

get me a cup of coffee

차 좀 가져다줄까? → Can I get you tea?

커피 한 잔 갖다주실래요? → Could you get me a cup of coffee?

마실 것 좀 가져다줄까? → Can I get you something to drink?

술 한 잔 드릴까요? → Can I get you a drink?

뭐라도 좀 가져다 드릴까요? 커피나 물?
→ Can I get you anything? A cup of coffee or a bottle of water?

테이블 위에 있는 펜을 갖다주겠니?
→ Can you get me the pen on the table?

주스 한 잔 갖다주시겠어요? → Please get me a glass of juice.

어휘 공부

• get + 사람 + 사물: 누구에게 ~을 가져다주다
• get: 가서 가져오다

It was ~ ago

3년 전이었어요.

→ It was three years ago.

10년 전이었어요.

→ It was ten years ago.

오래 전이었어요.

→ It was a long time ago.

어휘 공부

• It was ~ago: ~전이었다

give a ride

어서 타세요. 데려다줄게요.
→ Please get in. I'll give you a lift (a ride)

그는 자기 차에 나를 태워주었다.
→ He gave me a lift in his car.

태워줘서 고마워.
→ Thanks for giving me a ride.

그녀가 나를 집에 태워다주었어.
→ She gave me a ride home.

어휘 공부

● give + 사람 + a lift/ride: 누구를 태워다주다

you are wanted

전화예요. 당신의 친구인데 일이 급하답니다.

→ You are wanted. Your friend is on the phone, she said "It's urgent".

김 선생님, 전화 왔습니다. 전화 받으세요.

→ Mr. Kim, you are wanted on the phone.

어휘 공부

* you are wanted(on the phone): 전화 받으세요

heads or tails

동전의 앞이야 뒤야?
→ Heads or tails?

이곳에선 앞뒤를 분간할 수가 없어.
→ I can't make heads or tails of this place.

네가 뭔 말 하는지 통 모르겠어.
→ I cannot make head or tail of what you're saying.

어휘 공부

• heads: 동전의 앞
• tails: 동전의 뒤

everything

재물이 전부는 아닙니다.
→ Wealth is not everything.

돈이 전부는 아닙니다.
→ Money is not everything.

출세가 전부는 아닙니다.
→ Career is not everything.

이 소식은 우리에게 중요한 뜻을 지닌다.
→ This news means everything to us.

당신은 전부를 손에 넣을 수 없어요.
→ You can't have everything.

다른 주문은 없어요?
→ Is that everything?

어휘 공부

● wealth: 재물   ● career: 출세

talk to the big white phone

술을 마시고 변기에 토했다. (속어)
→ I talked to the big white phone.

그녀는 오늘 아침 내내 변기에 토하고 있어요.
→ She has been talking to the white phone all this morning.

그는 술에 취하면 항상 변기에 토한다.
→ He always talks to the white phone when he's drunk.

어휘 공부

• talk to the big white phone: 술 마시고 변기에 토하다

talk on the phone

그녀와 전화로 통화했다.
→ I talked to her on the telephone.

사진 속의 여자는 전화로 통화하고 있어.
→ The woman in the picture is talking on the telephone.

여자들은 전화 통화를 좋아한다.
→ Women love to talk on the phone.

그는 어제 나와 전화로 통화했다.
→ He talked to me on the telephone yesterday.

어휘 공부

● talk on the telephone: 전화로 얘기하다

phone

나는 그 소식을 전화로 알려주었다.
→ I phoned her the news.

나는 의사에게 전화했다.
→ I phoned the doctor.

집에 늦게 들어갈 거라고 전화했다.
→ I phoned (that) I would come home late.

사무실의 230-5674번에 문의하세요.
→ Phone the office at 230-5674 for information.

어휘 공부

- phone + 목적어: 전화하다, 전화로 알려주다
- phone + that + 주어 + 동사: 전화하다, 전화로 알려주다
- phone + 간·목 + 직·목: 전화하다, 전화로 알려주다

call

그녀를 전화로 불러냈다.
→ I called her on the phone.

그는 자주 전화하겠다고 약속했다.
→ He promised to call me often.

오늘 오전에 그와 전화를 했다.
→ I called him this morning.

난 지금 서울에서 전화하는 거야.
→ I'm calling from Seoul.

어휘 공부

- call + 사람 + on the phone: 전화로 불러내다
- call from + 장소: ~에서 전화하다

what's going on?

너희들 중 누가 무슨 일인지 나에게 말 좀 해줄래?
→ One of you tell me what's going on?

무슨 일이 일어나고 있는지 말 좀 해줘요.
→ Tell me what's going on.

대체 어떻게 된 건지 좀 설명해주시죠.
→ You'd better tell me what's going on here!

무슨 일인지 말 좀 해줄래?
→ Why don't you tell me what's going on?

어휘 공부

• what's going on?: 무슨 일이야?

something

보여줄 것이 있어.
→ I have something to show you.

네가 뭔가 숨기는 거겠지.
→ Maybe you have something to hide.

뭐 좀 마시고 싶습니다.
→ I'd like to have something to drink?

할 말 없어요?
→ Don't you have something to say?

너한테 할 말이 있어.
→ I have something to tell you.

어휘 공부

* something + to부정사: ~할 것

74 | Pattern English

like

빗속을 걷는 것이 난 좋아. → I like walking in the rain.

빗속을 걷고 싶다. → I like to walk in the rain.

난 컴퓨터게임 하는 걸 좋아한다. → I like playing computer games.

난 친구들과 시간을 보내는 걸 좋아한다.
→ I like hanging out with my friends.

그녀는 춤추고 싶어 한다. → She likes to dance.

너무 덥기 때문에 나는 수영하고 싶다.
→ I like to swim because it's so hot.

여러분은 목마를 때, 무엇을 마시고 싶은가요?
→ What do you like to drink when you are thirsty?

어휘 공부

• like + 동명사: 일반적으로 ~하는 것을 좋아하다
• like to: ~하고 싶어 하다

have got

어떻게 알아? / 느낌이 있잖아.
→ How do you know that? / I've got a feeling.

나는 그를 전에 어디에선가 만난 적이 있다는 느낌이 든다.
→ I've got a feeling I've seen him before somewhere.

이번 시합은 감이 좋아.
→ I've got a good feeling about this game.

나는 그녀가 우리에게 거짓말을 했다는 끔찍한 기분이 든다.
→ I've got a horrible feeling she lied to us.

어휘 공부

• have got: have

a bit early for

그거 하기는 좀 이른 시각 아니니? → A bit early for that?

점심 먹기엔 좀 일찍 왔군요. → You are a bit early for lunch.

이런 말 하기에는 좀 이르지 않니?
→ Surely it's a bit early for talk like this.

그거 하기는 좀 늦은 시각 아니니? → A bit late for that?

예배드리기에 좀 늦은 거 아니에요?
→ Isn't it a bit late for a church service?

그녀는 회의에 조금 늦었다.
→ She was a bit late for that meeting.

어휘 공부

* a bit early for: ~하기에 좀 이른
* a bit late for: ~하기에 좀 늦은

forgive

내가 한 것을 용서해줘.
→ Forgive me for what I have done.

그 점에 대해 네가 용서해주길 바라.
→ I hope you forgive me for that.

모든 것을 용서해줘.
→ Forgive me for everything.

늦은 거 용서해주세요.
→ Please forgive me for being late.

약속을 지키지 못한 걸 용서해주세요.
→ Please forgive me for breaking my promise.

어휘 공부

* forgive + 사람 + for: ~에 대해 용서하다

get here

지금 막 도착했어요.
→ I just got here.

몇 시에 그곳에 도착하십니까?
→ What time do you get there?

나는 보통 6시에 귀가한다.
→ I usually get home at six.

우리는 캠핑장에 도착하기 위해 여러 시간 동안 운전해 갔지.
→ We drove so many hours to get to the camp site.

나는 학교에 일찍 도착했어.
→ I got to school early.

어휘 공부

• get + 부사: 도착하다

bother

한 가지 때문에 여전히 고민이야.
→ One thing still bothers me.

귀찮게 하지 마!
→ Don't bother me!

그는 언제나 내게 돈을 빌려달라고 조른다.
→ He is always bothering me for money.

걔들이 놀리는 게 신경 쓰이지 않아.
→ Their teasing doesn't really bother me.

나를 위해 일부러 점심 준비를 할 것 없다.
→ Don't bother to fix a lunch for me.

학생들은 교수님을 귀찮게 하는 것을 멈추어야 한다.
→ Students should stop bothering the professor.

어휘 공부

● bother + 목적어: 귀찮게 하다, 신경 쓰이게 하다

have a word

개인적으로 얘기 좀 할까요?
→ Can I have a private word?

잠시 드릴 말씀이 있습니다.
→ I'd like to have a word with you.

그 일에 관해서 당신과 할 이야기가 있어.
→ I want to have a word with you about the matter.

그 사람이 잠깐 얘기 좀 하고 싶대요.
→ He wants to have a word with you.

분명히 날 놀린 거군. 한마디 해줘야겠는데.
→ He sure fooled me. I'll have to have a word with him.

어휘 공부

* have a word: 이야기를 하다

go grey

흰머리가 늘어나고 있어.
→ I'm going grey(gray).

그녀는 머리가 세고 있다.
→ Her hair is going grey.

그는 40대 중반에 머리가 허옇게 되기 시작했다.
→ He started to go grey in his mid-forties.

그는 걱정이 돼서 얼굴이 창백해졌다.
→ He went white with anxiety.

눈앞이 깜깜해진다.
→ Everything is going black.

어휘 공부

＊ go grey: 머리가 희어지다

I mean it

진정이야.
→ Honest. / I mean it.

이번엔 농담하는 거 아니에요.
→ This time I mean it.

고의가 아니었어요.
→ I didn't mean it.

정말 진심으로 하는 말입니다.
→ I mean it from the bottom of my heart.

내가 예라고 말할 때는 좋다고 말하고 있는 것입니다.
→ When I say yes, I mean it.

웃지 마! 나는 심각하단 말이야.
→ Don't laugh! I mean it.

어휘 공부

• I mean it: 진심이야, 진정이야

have no manners

너 예의가 없구나.
→ You have no manners.

왜 그렇게 버릇이 없나요? 식사예절이 그게 뭔가요?
→ Where are your manners? You have no manners at the table.

요즈음 젊은이들은 버르장머리 없다.
→ Young people have no manners these days.

길에다 침을 내뱉다니 나쁜 버릇이다.
→ You have bad manners to spit on the sidewalk.

어떤 아이들은 예의가 바르다.
→ Some children have good manners.

어휘 공부

• have no manners: 예의가 없다(s를 붙여야 함)

get a point

그 점에서 네 주장도 타당하다. 일리가 있다.

→ You've got a point there.

→ You made a point there.

그의 말에도 일리가 있어.

→ He's got a point there.

어휘 공부

• has got: has

have a cavity

충치가 생긴 것 같습니다. → I'm afraid I have a cavity.

당신은 상당한 크기의 충치가 있는 것 같군요.
→ It looks like you have a good-size cavity.

충치가 있다는 것을 아는 데는 시간이 많이 걸려요.
→ It takes a long time to know that you have a cavity.

어쨌든 충치가 있을 거예요. → Maybe I have cavities anyway.

충치가 없으면 좋겠네요. → I hope I have no cavities.

난 충치 두 개를 치료하러 치과에 갔다.
→ I went to the dentist to have two cavities filled.

가벼운 충치가 세 개 있는 것 같습니다.
→ It looks like you have three small cavities.

충치를 치료해야 된다고 치과 의사선생님께서 말씀하셨어.
→ My dentist said I have to treat my cavities.

어휘 공부

• I am afraid that 주어＋동사: 유감스럽지만 ~한 것 같다
• have a cavity: 충치가 있다   • cavity: 충치

I think

저는 팀워크가 중요하다고 생각합니다.
→ I think that teamwork is important.

나는 그가 용감하다고 생각해.
→ I think that he is brave.

우리가 좋아하는 일을 해야 한다고 생각한다.
→ I think that we should do what we like.

나는 공부가 학생의 기본적인 의무라고 생각해.
→ I think that studying is a basic duty of a student.

어휘 공부

● I think that 주어 + 동사: (유감없이) ~라고 생각한다

company

또 올 사람 있습니까?
→ Do you have company?

또 올 사람 있습니다.
→ I'm expecting company.

나는 차를 마시려고 손님을 초대했다.
→ I invited company to tea.

나 외로워. 같이 있어줘!
→ I feel lonely. I want your company.

어휘 공부

• company: 또 올 사람, 동행자들, 손님, 자리를 같이 하는 사람

respond to

당신의 편지를 받고 전화를 거는 것입니다.
→ I'm responding to your letter.

나는 그의 질문에 응답하지 않았다.
→ I didn't respond to his question.

누가 거기에 대해 대답하겠어요?
→ Does anyone want to respond to that?

돌아오면 답장을 보내겠습니다.
→ I will respond to your message when I return.

그들이 그 소식에 어떤 반응을 보였나요?
→ How did they respond to the news?

이 메시지에 회신하지 마십시오.
→ Please do not respond to this message.

어휘 공부

• respond to: ~에 응답하다

That's not what

그것은 내가 원하는 것이 아니다.
→ That's not what I want.

그런 뜻이 아니었어요.
→ That's not what I meant.

그건 내가 말하고 싶었던 게 아니었어.
→ That's not what I wanted to talk about.

그건 내가 찾고 있는 게 아니란 말이에요.
→ That's not what I'm looking for.

그건 내가 바라던 결과가 아닌데.
→ That's not what I'd hoped for.

어휘 공부

• what = the thing which = that which: ~한 것, ~한 바

Didn't I tell you

내가 아직 그 얘기 안 해줬나?
→ Didn't I tell you the story yet?

너한테 기다리라고 말하지 않았니?
→ Didn't I tell you to wait?

제가 한달 전에 이사했다는 말씀 안 드렸나요?
→ Didn't I tell you I moved a month ago?

내가 여름 학기 듣는다고 얘기 안 했어?
→ Didn't I tell you that I'm taking summer session?

너무 먹지 말라고 말했죠?
→ Didn't I tell you not to eat too much?

어휘 공부

● tell의 pattern: tell + 사람 + 사물
　　　　　　　　　 tell + 사람 + to do
　　　　　　　　　 tell + 사람 (that) 주어 + 동사

get the message

무슨 뜻인지 알겠다.

→ I get the message.

그가 나를 싫어한다는 걸 알아차리지 못했다.

→ I didn't get the message that he hates me.

내가 한 말 당신이 알아듣길 바라요.

→ I hope you got the message.

무슨 취지인지 알았으니 더 말할 필요가 없습니다.

→ I get the message so you don't need to say more.

무슨 뜻인지 알겠어요?

→ Do you get the message?

어휘 공부

• get the message: 뜻을 알아채다, (에둘러 말할 때) 그것을 알아듣다

close

야, 거참 아슬아슬했다. 큰일 날 뻔했다.
→ That was close.

아슬아슬했네. 저 차가 우릴 받을 뻔했어.
→ That was close. That car nearly hit us.

경기는 연장전까지 가는 박빙의 승부였다.
→ It was a close game that went into overtime.

일촉즉발의 위기였다!
→ That was a close shave!
  (면도할 때 까딱 잘못하면 베이죠? 그걸 기억하세요.)

하마터면 큰일 날 뻔했네요. 차로 당신을 치고 지나갈 뻔했어요.
→ That was a close one. He almost ran you over.

어휘 공부

• close: 아슬아슬한, 일촉즉발의

make a trip for nothing

헛걸음 하고 싶지 않아요. 다시 한 번 확인해주시겠어요?
→ I don't want to make a trip for nothing. Will you please double-check?

괜히 헛걸음을 했군.
→ We made a trip for nothing.

지난 일요일에 헛걸음 했거든.
→ I made a trip for nothing last Sunday.

어휘 공부

- make a trip for nothing: 헛걸음 하다
- double-check: 다시 확인하다

take so long

왜 이리 오래 걸리는 겁니까?
→ Why is it taking so long?

통화가 그렇게 길어질지 몰랐어요.
→ I had no idea that phone call would take so long.

그가 거기에 왜 그렇게 늦게 도착했대요?
→ Why did it take him so long to get there?

기차를 탈 수도 있겠지만 너무 시간이 오래 걸립니다.
→ I could take the train, but it takes so long.

나 돌아왔어. 오래 걸려서 미안해.
→ I'm back. Sorry for taking so long.

어휘 공부

• take so long: 오래 걸리다

get it in the neck

나 되게 야단맞았다.

→ I got it in the neck.

그는 오늘 아침에 늦어서 심하게 혼났어.

→ He got it in the neck for being late this morning.

늦는다면 우린 혼날 거야.

→ We'll get it in the neck if we arrive late.

시계를 봐! 난 진짜 일하러 가봐야 해, 아님 야단맞을 거야.

→ Look at the time! I really should get back to work, or I'll get it in the neck.

어휘 공부

• get it in the neck: 야단맞다

I just wanted to

사랑한다는 말을 하려고 전화했어요.
→ I just wanted to say I love you.

작별인사를 하려고 왔어요.
→ I just wanted to say good bye.

감사의 말씀을 드리려고 왔어요.
→ I just wanted to thank you.

저는 단지 그녀에게 인사를 하려고 했을 뿐입니다.
→ I just wanted to say hello to her.

저는 단지 당신과 일하고 싶었을 뿐입니다.
→ I just wanted to work with you.

어휘 공부

• I just wanted to: 다만 ~하려고 했어요

give me a break

좀 봐주세요, (한 번만 더) 기회를 주세요, 해보게 해줘요.
→ Give me a break.

해야 할 일이 너무 많으니 좀 봐주세요.
→ I have too much things to do; give me a break, please.

좀 봐줘. 난 그저 도와주려고 그런 거야.
→ Give me a break. I was just trying to help.

한 번만 봐줘. 할 수 있다니까.
→ Please, give me a break. I can make it.

경관님, 이번 한 번만 봐주세요?
→ Officer, can you give me a break this time?

어휘 공부

• give me a break: 한 번 봐주다, 기회를 주다

98 | Pattern English

how many ~ are there?

너희 학교 학생 수는 얼마나 되니?

→ How many students are there in your school?

한 반에 몇 명이 있죠?

→ How many people are there in a class?

너희 식구는 몇 명이니?

→ How many people are there in your family?

너희 집에 방 몇 개 있어?

→ How many rooms are there in your house?

8월은 며칠이나 있죠?

→ How many days are there in August?

어휘 공부

• How many + 명사 + are there?: ~는 얼마나 됩니까?

short cut

지름길로 가자.
→ Let's take a short cut.

지름길이 있다.
→ There is a short cut.

지름길을 알고 있다.
→ I know a short cut.

들판을 가로질러 지름길로 갈 수도 있다.
→ You can take a short cut across the field.

지름길로 가면 1킬로는 가까워.
→ You save a kilometer by taking a short cut.

어휘 공부

• short cut: 지름길

take

파티에 초대를 받았는데 선물을 가져가야 해. 무엇을 가져가야 하나?
→ I've been invited to a party and I need to take a present.
  What should I take?

회색 재킷으로 사겠어요.
→ I'll take the grey jacket.

240 사이즈 신발을 샀어.
→ I took size 240 shoes.

어휘 공부

• take: 가져가다, 사다

dream of

악몽을 꾸었다.
→ I had a nightmare.

어젯밤에 친구의 꿈을 꾸었다.
→ I dreamed of my friend last night.

나는 의사가 되겠다는 꿈이 있다.
→ I have a dream of becoming a doctor.

내 꿈 꿔.
→ Dream of me.

나는 올해 화이트 크리스마스를 꿈꾸고 있다.
→ I'm dreaming of a white christmas.

어휘 공부

• dream of: ~의 꿈을 꾸다

used to

옛날엔 아이들이 좋았는데 지금은 아이들이 싫어.
→ I used to love children. Now I hate children.

예전에 텔레비전 정말 많이 봤어. → I used to watch TV a lot.

그녀는 초콜릿을 좋아했었다. → She used to like chocolate.

나는 과거 한때 런던에 살았다. → I used to live in London.

너 몸 좋다. 운동해? 지금은 안 하는데 예전에 했지.
→ You are very fit. Do you exercise? Not now, but I used to.

그가 항상 먼저 도움을 제의하곤 했다.
→ He would always be the first to offer to help.

우리 부모님이 집을 비우실 때면 할머니께서 나를 돌봐주시곤 했다.
→ When my parents were away, my grandmother would take
   care of me.

어휘 공부

• used to + 동사: ~하곤 했다 (과거의 규칙적 습관, 하지만 지금은 아니라는 의미)
• would: 과거의 불규칙적인 습관

worth

이거 얼마나 갈까? → How much is this worth?

오만 불이에요. → It is worth $50,000.

이 그림은 얼마의 가치가 있니?
→ How much is this painting worth?

당신의 재산이 얼마나 됩니까? → How much are you worth?

내 재산은 10억 달러쯤 됩니다.
→ I am worth about one billion dollars.

그 박물관은 가볼만하다. → The museum is worth a visit.

이 일은 노력을 들일만하다. → This work is worth the trouble.

그의 연설은 정말 들음직하다.
→ His speech is certainly worth hearing.

어휘 공부

• worth: ~할 만한 가치가 있는

don't drink and drive

담배를 많이 피우시는군요.

→ You smoke too much.

저는 술이나 담배를 하지 않습니다.

→ I don't drink or smoke.

톰은 26년간 흡연해왔다.

→ Tom has smoked for 26 years.

음주운전 하지 맙시다.

→ Don't drink and drive.

be fooled

우리가 속았다.
→ We have been fooled.

그들은 그 전에 두 번이나 속은 적이 있었다.
→ They had been fooled twice before.

그는 그들에게 속았던 것 같아.
→ He seems to have been fooled by them.

그녀의 이런 할머니 같은 행동에 속으면 안 된다.
→ Don't be fooled by her granny act.

어휘 공부

• be fooled: 속다, 속임수에 넘어가다

trouble you

무슨 일로 고민하고 있니?

→ What is troubling you?

→ Is something bothering you?

무슨 고민인지 내게 털어놔봐라.

→ Tell me what is troubling you?

걱정거리가 있는 모양인데? 네 얘기라면 언제든지 들어준다는 거 잘 알잖아.

→ What is troubling you? You know I will always make time to hear you.

몹시 성가신데.

→ That's too much trouble.

어휘 공부

• too much trouble: 몹시 성가시다

don't mind

남이 뭐라 하든 개의치 않는다.
→ I don't mind what people say.

나는 우리가 뭐하고 놀든 상관없어.
→ I don't mind what we play.

남들이 어떻게 생각하든 상관없다.
→ I don't mind what people think.

철모르는 아이가 한 소리니 마음에 두지 마라.
→ Don't mind what he said. He's just a child.

옷이야 아무러면 어떠냐.
→ Don't mind what you wear.

어휘 공부

- don't mind: 개의치 않다, 상관없다
- what = that which = the thing which: ~한 것, ~한 바

keep it up

(어려움을 무릅쓰고) 꾸준히 계속해.
→ Keep it up.

너는 일을 잘하고 있다. 계속 그렇게 해라!
→ You are doing wonderful work; keep it up!

우리는 계속해야 해요. 내일도 합시다.
→ We should keep it up. Let's go again tomorrow.

그대로 계속한다면 당신은 해고입니다.
→ Keep it up and you'll lose your job.

어휘 공부

* keep it up: 어려움을 무릅쓰고 꾸준히 해나가다

no need

그럴 필요 없어.
→ No need.

겁내지 마라.
→ No need to shake in your shoes.

말을 많이 할 필요 없어.
→ There is no need to talk much about it.

서두르실 필요 없어요. 천천히 하세요.
→ There's no need to hurry. Take your time.

너 스스로 자기비하할 필요는 없다.
→ There's no need to put yourself down.

어휘 공부

* no need: 그럴 필요 없다
* no need to: ~할 필요가 없다

nothing compared to

그것은 이것과 비교하면 아무것도 아니야.
→ That was nothing (as) compared to (with) this.

내 상처는 그녀에 비하면 약과다.
→ My injury is nothing compared to hers.

제 경우와 비교하면 그것은 아무것도 아니에요.
→ It's nothing compared to what I went through.

그의 힘은 저에 비하면 아무것도 아니에요.
→ His power is nothing compared to mine.

어휘 공부

● nothing compared to: ~과 비교하면 아무것도 아니다

control oneself

자제해; 감정을 억제해.
→ Control yourself.

그는 자제심을 기르라는 충고를 받았다.
→ He was advised to learn to control himself.

그녀는 감정을 억제하려 애쓰고 있었다.
→ She was fighting to control herself.

나는 입술을 깨물고 꾹 참았다.
→ I bit my lips to control myself.

그는 술이 마시고 싶었지만 꾹 참았다.
→ He wanted to have a drink but controlled himself.

어휘 공부

● control oneself: 감정을 억제하다, 자제하다

how often

몇 번이나 얘기해야 하겠니?
→ How often have I got to tell you?

내가 아무리 말해도 그녀는 내 말을 듣지를 않아요.
→ No matter how often I tell her, she doesn't listen.

그는 그녀가 너무나 자주 욕설을 하는 것에 충격을 받았다.
→ He was shocked at how often she used the F-word.

리무진 버스는 얼마나 자주 운행되는가?
→ How often does the Limousine operate?

학교에 얼마나 자주 걸어가십니까?
→ How often do you walk to school?

어휘 공부

＊ how often + 동사 + 주어: 얼마나 자주 ～하는가?

beg

내가 우리 엄마한테 이 책을 사달라고 간청(부탁)했는데.
→ I begged my mom for this (special) book.

소년은 관광객들에게 동전을 구걸했다.
→ The boy begged the tourists for coins.

그는 그녀에게 데이트하자고 계속 조르고 있었다.
→ He was constantly begging her for dates.

나는 그에게 도와달라고 간청했다.　→　I begged him for help.

너에게 부탁이 있어.　→　I beg a favor of you.

그는 자선가에게 돈을 구걸하였다.
→ He begged money of charitable people.

어휘 공부

* beg + 사람 + for: ~에 대해 누구에게 구걸하다, 부탁하다
* beg + 사물 + of + 사람: ~을 누구에게 구걸하다, 부탁하다

see ~ing

난 네가 미소 짓는 것을 보지 못했어.
→ I haven't seen you smile.

비행기가 착륙하는 것이 보였다.   → I saw the plane land.

우리는 그가 그 가게에 들어가는 것을 보았다.
→ We saw him enter the store.

나는 그가 그것을 하는 것을 직접 목격했다.
→ I myself saw him do it.

나는 그녀가 운전하는 걸 봤어.   → I saw her driving.

나는 그가 우는 걸 봤어.   → I saw him crying.

어휘 공부

* see(지각동사) + 목적어 + 동사원형: 처음부터 끝까지 다 보다
* see(지각동사) + 목적어 + ing: 일부만 보다

What happened to you?

그녀한테 무슨 일이 생겼어?

→ What happened to her?

너한테 무슨 일이 생겼어?

→ What happened to you?

이 노트북에 무슨 일이 있었던 걸까?

→ What happened to the laptop?

그들에게는 무슨 일이 일어났을까?

→ What happened to them?

그에게 무슨 일이 있었던 걸까요?

→ What happened to him?

어휘 공부

• What happened to ~: ~에(게) 무슨 일이 일어났는가?

sorry to / about

그녀가 떠나는 걸 보니 유감이다.
→ I am sorry to see her go.

너의 불운에 대해서 안타깝게 생각해.
→ I am sorry to hear about your misfortune.

이렇게 울어서 미안해. → I am sorry to cry like this.

이 모든 일이 미안해. → I'm sorry about all this.

네 형 일은 유감이야. → I'm sorry about your brother.

오늘밤 일은 정말 미안해.
→ I'm really sorry about what happened tonight.

어휘 공부

- sorry to + 동사: ~하니 유감이다, 미안해하다
- sorry about: ~에 대해서 미안하다

scared

겁이 나십니까? 무엇이 겁납니까?

→ Are you scared? What are you scared of?

당신은 결혼하는 것이 겁납니까?

→ Are you scared about getting married?

당신은 누가 겁납니까?

→ Who are you scared of?

당신은 뱀이 겁납니까?

→ Are you scared of snakes?

어휘 공부

• scared of, scared about: ~이 겁나다

Let's call it a day

오늘 마무리 합시다, 여러분!
→ Let's call it a day!

몸이 녹초가 됐네. 오늘 마무리 하자.
→ I'm exhausted. Let's call it a day.

이만 마무리 하고 내일 다시 오자.
→ Let's call it a day and come back tomorrow.

회의에 참석하고 점심에 마무리 했습니다.
→ I had a meeting and called it a day at noon.

어휘 공부

• Let's call it a day: 여기서 끝내자, 이쯤에서 마무리 하자

give somebody one's word

그 남자하고 약속했어.
→ I gave him my word.

약속 드렸잖아요.
→ I gave you my word.

내 말을 믿어봐.
→ Take my word for it.

내 말을 너무 맹신하지는 마.
→ Don't take my word for it.

제 말을 믿으셔도 됩니다.
→ You can take my word for it.

어휘 공부

• give + 사람 + one's word: 약속하다
• take one's word for: ~에 대해 믿다

come up

일이 생겼어요.

→ Something has come up.

공석이 생기면 알려드리겠습니다.

→ We'll let you know if any vacancies come up.

급한 일이 생겼어요.

→ Something urgent came up.

지구를 구하기 위해, 존이 놀라운 아이디어를 생각해냈다.

→ In order to save our earth, John has come up with an incredible idea.

나는 효과적인 해결책을 생각해냈다.

→ I came up with an effective solution.

어휘 공부

• come up: 생기다, 일어나다
• come up with: ~를 생각해내다

hard

네가 받아들이기 어렵다는 것을 알고 있어.
→ I know it's hard for you to accept.

무슨 일이 일어났는지 여러분이 이해하는 것은 어려워요.
→ It is hard for you to understand what has happened.

가끔은 제 자신도 제가 느끼는 감정들을 이해하기 어려울 때가 있어요.
→ Sometimes it's very hard for me to understand what I feel.

내가 어떻게 느끼는지 설명하기란 나에게 너무 어렵다.
→ It's hard for me to explain how I feel.

어휘 공부

● It is hard for + 대명사 + to do: ~가 ~하는 일은 어렵다

agree to

우리는 노력하기로 했어요. → We agreed to try.

그 남자가 무엇을 하기로 동의했는가?
→ What do the man agree to do?

그들은 마침내 내 의견에 동의했다.
→ They finally agreed to my opinion.

그녀의 부모님은 여행가는 걸 허락해주지 않았어.
→ Her parents didn't agree to his travel plans.

당신 의견에 동의해요. → I agree with you.

색깔이 너무 어둡다는 네 생각에 동의해.
→ I agree with you that the colours are too dark.

우리는 그의 의견과 달라. → We don't agree with him.

어휘 공부

- agree to do: ~하기로 동의하다
- agree to + 명사: ~에 동의하다
- agree with + 사람: 아무의 의견에 동의하다

act as if

마치 공부를 하기 싫은 것처럼 행동하는군.
→ You are acting as if you don't want to study.

마치 결혼을 원치 않는 것처럼 행동하는군.
→ You are acting as if you don't want to get married.

로마에선 로마의 법을 따르세요. 자신의 나라에서처럼 행동하면 안 돼요.
→ When in Rome, do as the Romans do. Don't act as if you're in your home country.

그는 커피와 빵을 좋아하는 것처럼 행동하곤 했습니다.
→ He would act as if he liked coffee and bread.

어휘 공부

• act as if: 마치 ～처럼 행동하다

want you to

네가 그거 가져.
→ I want you to have it.

있는 그대로의 나를 받아들여주세요.
→ I want you to accept me the way I am.

그것 내일까지 끝내주셨으면 합니다.
→ I want you to finish it by tomorrow.

저와 생사고락을 함께해주십시오.
→ I want you to be with me through the bad and good.

어휘 공부

● want you to do: 네가 해주길 바라

be getting worried

점점 걱정이 됐어요.
→ I was getting worried.

하지만 이제 슬슬 걱정이 되고 있어.
→ But now I am slowly getting worried.

너를 다시 보게 돼서 반갑다. 점점 걱정되기 시작했거든.
→ It's so good to see you back. I was getting worried.

좀 걱정이 됐어요.
→ I'm getting a little worried.

어휘 공부

• be getting worried: 점점 걱정이 되다

what's wrong with

뭐가 잘못됐나요? 제 인생이 뭐가 잘못인가요?
→ Something wrong? What's wrong in my life?

고기를 먹는 게 뭐가 잘못이라는 건가?
→ What's wrong with eating meat?

차 어디에 이상이 있습니까?
→ What's wrong with my car?

요즘 젊은 사람들은 왜 그 모양들이지?
→ What's wrong with young people these days!

어휘 공부

• What's wrong with: ~에 무슨 문제가 있는 겁니까?

tell somebody to

그녀에게 서두르라고 해요. → Tell her to hurry.

그녀에게 가라고 해요. → Tell her to go.

그녀에게 내게 전화하라고 해요. → Tell her to call me.

그녀에게 다이어트 좀 하라고 하세요. → Tell her to go on a diet.

그녀에게 공부 좀 하라고 하세요. → Tell her to study.

그녀에게 수업 좀 빠지지 말라고 해요.
→ Tell her not to miss her class.

그녀에게 지금 가지 말라고 해요. → Tell her not to go now.

좋은 이야기가 있으니 들어보게나. → I'll tell you what.

(후속 말 강조) 여기가 중요한 대목인데, 잘 들어봐.
→ I am telling you.

그러게 내가 뭐라던가. → I told you so.

어휘 공부

* tell + 사람 + to do: 누구에게 ~하라고 해요
* tell + 사람 + not to do: 누구에게 ~하지 말라고 해요

you are not alone

당신은 혼자가 아니에요. 제가 있잖아요.
→ You are not alone. I'm with you.

사무실에서 힘든 하루를 보내셨다면 여러분만 그런 게 아닙니다.
→ If you've had a hard day in the office, you are not alone.

그 생각을 하는 사람은 너만이 아니다.
→ You are not alone in the thought.

너는 혼자가 아니라는 것을 알아야만 한다.
→ You have to know that you are not alone.

마지막으로, 넌 혼자가 아님을 기억해.
→ Lastly, remember you are not alone.

---

how do I look

너는 내가 이 옷 입기를 원하니? (옷을 입고) 어때요?
→ You want me to wear this dress? How do I look?

저 이 옷 입은 거 어때요?
→ How do I look in this dress?

몇 살 같아요?
→ How old do I look?

괜찮아 보여?
→ Do I look good?

좀 나아 보이니?
→ Do I look better?

어휘 공부

• How do I look?: 어때요?

help

그가 회의 준비하는 걸 도와줄 거야.
→ He will help you organize the meeting.

일어나는 것을 도와드릴까요? → May I help you get up?

숙제 좀 도와드릴까요? → May I help you with your homework?

내 숙제하는 걸 도와줄 수 있니?
→ Can you help me do my homework?

나는 그가 물건 찾는 것을 도왔다.
→ I helped him to find the things.

내 친구들은 내가 병원에 가는 걸 도와주었다.
→ My friends helped me to go to hospital.

어휘 공부

• help + 사람 + 동사원형: 누가 ~하는 것을 돕다 (직접 도움, 직접 개입해서 도움)
• help + 사람 + to do: 누가 ~하는 것을 돕다 (간접 도움, 직접적인 개입은 없음)

big smile

치즈하세요. 크게 한번 웃어봐요. 멋져요. 다시 한 번. 좋아요. (사진포즈)
→ Say cheese. Big smile. Beautiful. Again. Good.

할아버지께서 환하게 미소 지으시며 우리를 맞아주셨어요.
→ Grandpa welcomed us with a big smile.

얼굴에 미소를 지으세요.
→ Put a big smile on your face.

그는 얼굴에 함박웃음을 짓고 있었다.
→ He had a big smile on his face.

선생님께 웃으며 인사하세요.
→ Say hello to your teacher with a big smile.

어휘 공부

• big smile: 크게 웃어봐요, 함박웃음

fall for

너 속았지? (넌 거기에 속아 넘어간 거야!)
→ You fell for it!

네가 그 속임수에 속아 넘어가다니 놀라워.
→ I'm surprised you fell for that trick.

너 그 말을 믿었단 말이냐?
→ Did you buy that?
→ Did you buy what she said?

내가 속았다.
→ I was cheated.

어휘 공부

• fall for: ~에 속아 넘어가다

do not make any difference

불평해야 소용없어요.
→ Complaining doesn't make any difference.

그렇게 오랫동안 체재할 것은 아니니까 별 상관은 없습니다.
→ I won't be staying too long, so it doesn't make any difference.

그건 상관없어요.
→ That doesn't make any difference to me.

그를 만나나마나 매한가지다.
→ It doesn't make any difference whether I see him or not.

당신에게는 예삿일일지 모르지만 나에게는 그렇지 않다.
→ It might not make any difference to you, but it bothers me.

어휘 공부

* do not make any difference: 어떤 차이를 만들지 않다

more than

당신이 좋아요(이성적인 느낌 말고). 아마도 당신이 나를 좋아하는 것
이상으로.

→ I like you. Maybe more than you like me.

친구 이상으로는 나를 좋아하니?

→ Do you like me more than a friend?

내가 당신을 좋아하는 것 이상으로 당신이 나를 좋아하는 거 같아요.

→ I think you like me more than I like you.

어휘 공부

• more than: ~이상

anything

재미있는 얘기 들려줄까?
→ Do you want to hear anything funny?

나는 어느 답변도 듣지 못했어.
→ I didn't hear anything back.

더 이상 이것에 대해서 어떤 것도 듣고 싶지 않아.
→ I don't want to hear anything more about this.

어휘 공부

• anything funny: 재미있는 것

the only reason

단지 그것이 유일한 이유입니까?
→ Is it the only reason?

그 돈은 내가 아직 살아있는 유일한 이유야.
→ The money is the only reason I'm still alive.

그것이 내가 그 직업을 택한 유일한 이유야.
→ That's the only reason I took the job.

그것이 내가 여기에 온 유일한 이유는 아니야.
→ That's not the only reason why I'm here.

그것이 내가 정말 가는 유일한 이유이다.
→ That's the only reason I'm actually going.

어휘 공부

• the only reason: 유일한 이유

What's this for?

이거 어디에 쓰는 거야? → What's this for?

이곳은 뭘 하는 곳이죠? → What's this place for?

이 물건은 어디에 쓰는 거죠? → What's this thing for?

친구 좋다는 것이 뭐니? → What are friends for?

친구 좋다는 게 뭐야. 난 언제든지 널 도울 거야.
→ What are friends for? I'll help you anytime.

그런 말 마, 존. 친구 좋다는 게 뭐겠어?
→ Don't mention it, John. What are friends for?

어휘 공부

* What is this for?: 이거 어디에 쓰는 거야?
* What are friends for?: 친구 좋다는 게 뭐야?

I like the way

당신의 걷는 모습이 맘에 들어요.
→ I like the way you walk.

당신의 말하는 게 맘에 들어요.
→ I like the way you are talking.

나는 당신이 땀 흘리는 모습이 좋아요.
→ I like the way you sweat.

당신이 협조하는 방식이 맘에 들어요.
→ I like the way you cooperate.

나는 당신이 당신의 맘을 얘기하는 방식이 좋아요.
→ I like the way you speak your mind.

나는 당신이 나를 보는 모습이 좋아요.
→ I like the way you look at me.

어휘 공부

* I like the way: 모습(방식)이 나는 좋아요

see what I can do

알아보기는 하겠습니다만 너무 기대는 말아요.
→ I'll see what I can do, but don't expect too much.

내가 뭘 할 수 있을지 보기는 하겠지만 아무것도 약속할 수는 없어요.
→ I'll see what I can do but I can't promise anything.

전화 몇 통화 하고 알아보기는 하겠습니다.
→ I'll make a few calls and see what I can do.

내가 당신을 도울 수 있는지 알아보기는 하겠습니다.
→ I'll see what I can do to help you.

어휘 공부

• I'll see what I can do: 제가 한번 알아보겠습니다

hear from

연락 좀 해.
→ I'd like to hear from you.

존한테 연락이 오니?
→ Do you hear from John?

빨리 응답해주시기 바랍니다.
→ I am hoping to hear from you very soon.

네게 소식 듣는 일은 언제나 반가워.
→ It's always nice to hear from you.

어휘 공부

• hear from: ～로부터 연락을 받다

trouble

누군가 곤경에 처했나 보군.
→ Somebody is in trouble.

그녀는 고민이 있을 때마다 상담을 한다.
→ Whenever she is in trouble, she talks together.

현재 세계 경제는 곤경에 처해있다.
→ These days, the world economy is in trouble.

네 친구한테 문제가 생긴 것 같구나.
→ I'm afraid your friend is in trouble.

매출이 떨어져서 그 회사는 어려운 상태이다.
→ Sales are down, and the company is in trouble.

어휘 공부

* be in trouble: 곤경에 처하다

Let's wait and see

추세를 지켜봅시다.
→ Let's wait and see.

─────────────────────────

그들이 또 이길까요? 기다려서 지켜봅시다!
→ Will they win again? Let's wait and see!

─────────────────────────

새로운 최고 경영자가 애플사를 어떻게 이끄는지 한번 지켜봅시다.
→ Let's wait and see how the new CEO leads Apple.

─────────────────────────

무슨 일이 일어날지 좀 두고 보자.
→ Let's wait and see what happens.

─────────────────────────

수술 경과를 지켜봅시다.
→ Let's wait and see how the patient does after the operation.

─────────────────────────

어휘 공부

* Let's wait and see: 추세를 지켜봅시다

I am afraid

글쎄요, 저는 그렇게 보지 않는데요.
→ I am afraid I don't see it that way.

죄송하지만 저는 시간이 많지 않습니다.
→ I am afraid that I don't have much time.

죄송하지만 신용카드 결제는 안 됩니다.
→ I am afraid that I don't take credit card.

죄송하지만 귀하가 주문하신 상품은 현재 품절입니다.
→ I am afraid that the product you ordered is currently out of stock.

어휘 공부

- 거절할 때 이 패턴을 붙이면 좀 더 공손하고 상대방의 입장을 배려하는 인상을 줌.
- I am afraid는 부정적이거나 일이 잘 안 돼서 언짢을 때 습관적으로 쓰는 표현이다.

upset

안 먹을게요. 속이 안 좋아.
→ I'm not eating. Stomach upset.

이것을 먹으면 속이 거북합니다. 안 먹을게요.
→ I just don't like it very much. This upsets my stomach.

어젯밤 먹은 생선 때문에 내가 탈이 났다.
→ The fish last night upset me.

어휘 공부

• upset: 속이 거북한
• upset + 목적어: 탈이 나게 하다

try not to

그런 생각을 안 하려고 노력해봐.
→ Try not to think about it.

그 사람이 당신을 괴롭히게 내버려두지 말아요.
→ Try not to let him bother you.

연락하고 지내자.
→ Try not to be a stranger.

소문에는 신경 쓰지 않으려고 해요.
→ I try not to pay attention to rumors.

다리에 너무 많은 하중을 주지 마십시오.
→ Try not to put too much weight on your leg.

어휘 공부

● try not to do: 하지 않도록 애쓰다(노력하다)

I will get it

내가 받을게. (또는) 내가 나가볼게.
(전화 받는 것, 벨소리에 현관문 열어주는 것)
→ I will get it.

그를 바꿔드리죠. → I'll get him.

엄마 바꿔드릴게요. → I'll get my mom for you.

내가 전화 받을게. → I'll get the phone.

그녀는 너무 바빠 전화를 받을 수 없습니다.
→ She's too busy to get the phone.

제가 문을 열까요? → Should I get the door?

제가 문을 열어드리죠. → Let me get the door for you.

문 좀 열어줘라. → Get the door.

어휘 공부

* I'll get + 사람: 아무를 바꿔줄게요
* get the door: 문을 열어주다

talk about

내 이야기가 아니에요. 당신 이야기를 하는 거예요.
→ I'm not talking about me. I'm talking about you.

뚱보에 관한 이야기는 우리 집에서는 금한다.
→ Talk about large people is a no-no at my house.

어떻든 간에 난 더 이상 그것에 대해 얘기하고 싶지 않아.
→ I don't want to talk about it anymore for any sake.

나는 다음에 공기 오염에 대해 이야기할 것입니다.
→ I will talk about air pollution in the next place.

어휘 공부

● talk about: ~에 관해서 말하다

pack up

짐을 싸자.
→ Let's pack up.

우리는 새집으로 이사 가기 위해서 짐을 싸야 해요.
→ We have to pack up to move into the new house.

왜 배낭을 꾸렸니?
→ Why did you pack up your backpack?

당신은 무슨 이유로 그처럼 좋은 직장을 그만두었나요?
→ What made you pack up a good job like that?

가서 짐 싸야지.
→ I'll go pack up my things.

어휘 공부

* pack up: 짐을 싸다

stop ~ing

불평 그만해.
→ Stop complaining.

내가 공부하려고 할 때 성가시게 굴지 마!
→ Stop bothering me while I'm trying to study!

저쪽에 있는 아가씨들 잡담 좀 그만했으면 좋겠어.
→ I wish those girls over there would stop talking.

나를 아이 취급하지 마세요.
→ Stop treating me like a child.

어휘 공부

● stop + ing: ~하는 것을 멈추다

tell

네가 말 안 해줬어. → You didn't tell me.

한 번 더 설명해주시겠습니까?
→ Can you tell me one more time, please?

여자는 남자에게 무슨 말을 하는가?
→ What does the woman tell the man?

너한테 차라리 이야기 않는 게 낫다. → I had rather not tell you.

거봐, 내가 말했잖아! → There, I told you so!

나는 너에게 그것의 역사를 말할 것이다. → I will tell you its history.

그 사람한테 나 안 들어왔다고 해. (전화상황) → Tell him I'm not in.

어휘 공부

* tell + 사람: 누구에게 말하다
* tell + 간·목 + 직·목: 누구에게 ~을 말하다

thank you for ~ing

전화를 쓰게 해줘서 고마워.

→ Thank you for letting me use the phone.

귀하의 시를 이 출판사에 보내주셔서 감사드립니다.

→ Thank you for sending your poems to this publishing house.

내게 용기를 북돋아주어 고마워.

→ Thank you for putting heart into me.

이 토론에 참여해주셔서 감사합니다.

→ Thank you for joining this talk.

어휘 공부

• Thank you for + ing: ~에 대해서 고맙습니다

thank you for the

태워줘서 고마워. (차)
→ Thank you for the ride.

사다리를 빌려줘서 고맙소.
→ Thank you for the use of your ladder.

도와주셔서 감사합니다.
→ Thank you for the help.

조언해주셔서 감사합니다.
→ Thank you for the tip.

깨우쳐주셔서 감사합니다.
→ Thank you for the reminder.

어 휘 공 부

• Thank you for: 뒤에 주로 정관사를 사용함.

impress

너는 오늘밤 그녀를 감동시킬 수 있어.
→ You can impress her tonight.

그는 항상 사장에게 좋은 인상을 주려고 해.
→ He's always trying to impress the boss.

누구에게 잘 보이려고 해?
→ Who are you trying to impress?

남성은 대개 여성을 감동시키기 위해 꽃과 보석을 준비한다.
→ Men usually prepare flowers and jewelry to impress females.

사진 갤러리는 분명 여러분의 눈을 사로잡을 것입니다.
→ Our Photo Gallery is certain to impress you.

어휘 공부

* impress + 목적어: 누구를 감동시키다

hear something

무슨 소리 난 것 같은데.
→ I think I heard something.

바깥에 있는 나무에서 무슨 소리를 들은 것 같아요.
→ I think I heard something outside in the trees.

소식 듣거든 전화 좀 해줘.
→ Drop me a line if you hear something.

그는 아파트 TV 뒤에서 뭔가 움직거리는 것을 들었다.
→ He heard something moving around behind the TV in his apartment.

어휘 공부

* hear something: 무슨 소리를 듣다

have a difficult time

지금 그녀는 어렵다.
→ She is having a difficult time.

우리 집 찾기가 어렵던가요?
→ Did you have a difficult time locating my house?

그는 이혼하는 데 어려움을 겪었다.
→ He had a difficult time getting a divorce.

일부 아이들은 어려움을 겪는다.
→ Some children have a difficult time.

때로 사람들은 친구를 사귀는 데 어려움을 겪기도 한다.
→ Sometimes people have a difficult time making friends.

어휘 공부

• have a difficult time + ing: ~하는 데 어려운 시간을 갖다

invite

나는 저녁을 초대받았다.
→ I am invited for dinner.

그는 한잔 하자며 나를 불렀다.
→ He invited me for a drink.

날씨가 따뜻하여 난 산책을 나가고 싶어졌다.
→ The warm weather invited me to go out for a walk.

나는 답례로 내 아파트에서 커피를 한잔 하자고 그를 초대했다.
→ I invited him back to my apartment for coffee.

어휘 공부

- be invited for dinner: 저녁을 초대받다
- invite + 사람 + to do: ～하자고 초대하다

alike

너와 나는 비슷한 데가 많다.
→ You and I are very much alike.

그들은 성격이 비슷하다.
→ They are much alike in character.

'우리는 아주 비슷하구나!'라고 나는 생각했습니다.
→ 'We are so alike!' I thought.

우리 언니와 나는 안 닮았어.
→ My sister and I do not look alike.

어휘 공부

● alike: 비슷한, 유사한 (서술적, be동사 뒤에만 쓰임)
● look alike: 비슷해 보이다

pour

술 네가 부어라.

→ You pour.

물 한 잔 따라주시겠어요?

→ Would you pour me a glass of water?

커피 좀 따라주겠니?

→ Will you pour the coffee?

제가 따라드리겠습니다.

→ Let me pour for you.

어휘 공부

* pour: 술(물, 커피 등)을 따르다

What shall we?

우리 무슨 이야기 할까?
→ What shall we talk about?

오늘 점심에 뭐 먹을까요?
→ What shall we do for lunch today?

마이크한테 뭘 선물해야 할까?
→ What shall we buy for Mike?

저녁으로 뭐 먹을까요?
→ What shall we have for dinner?

무슨 노래 부를까요?
→ What shall we sing?

어휘 공부

• What shall we + 동사: 우리 무엇을 할까요?

coming

곧 휴가다.

→ Holidays are coming.

많은 논란의 대상이 되었던 영화가 곧 개봉한다.

→ The much disputed movie is coming soon.

태풍이 오고 있다.

→ A typhoon is coming.

학기말 시험이 다가오고 있어요.

→ The final test is coming up.

곧 우리 1주년 기념일이네요.

→ Our first anniversary is coming up soon.

어휘 공부

- be coming: 도래하고 있다, 다가오고 있다
- be coming up: 다가오고 있다(의미적으로 목표점에 거의 다가옴)
- around the corner: 코앞에 다가오다

long

오래 걸리지 않을 거야.

→ It won't be long.

진상은 여간해서 모를 것이다.

→ It will be long before we know the truth.

여름에는 해가 길다.

→ In summer the days are long.

그는 죽어가고 있었다.

→ He was not long for this world.

어휘 공부

● won't: will not

have done nothing but

지금까지 나는 울기만 했다.

→ I have done nothing but cry.

제 의무를 다했을 따름입니다.

→ I have done nothing but my duty.

그들은 3년 동안 싸우기만 했다.

→ They've done nothing but fight for 3 years.

정부는 지켜보기만 했다.

→ The Government have done nothing but watch.

어휘 공부

* have done nothing but: ~말고는 아무 것도 하지 않았다, ~하기만 했다

find time to do

짬을 내서 그것을 해보렴.
→ Find time to do it.

사무실에 갈 시간을 전혀 낼 수가 없었어요.
→ I couldn't find any time to get over to your office.

우리가 만나기에 서로 편리한 시간을 찾을 수 있을까?
→ Can we find a mutually convenient time to meet?

바쁜 일정에도 불구하고 그녀는 TV 볼 시간을 찾는다.
→ Even with her busy schedule she finds time to watch TV.

어휘 공부

* find time to do: 시간을 내어 ~하다

take a moment

잠시 생각하게 해주시오.
→ Let me take a moment.

여러분의 일상생활에 대해 잠깐 시간을 내 생각해보세요.
→ Take a moment to think about your daily life.

잠시 시간을 할애하여 다음 질문에 답변해주십시오.
→ Take a moment to answer the following questions.

잠시 호흡할 시간을 갖자.
→ Take a moment to breathe.

어휘 공부

◉ take a moment: 잠시 시간을 내다

my favorite

서울은 부산 다음으로 내가 좋아하는 도시다.
→ Seoul is my favorite city after Busan.

나는 봄을 그다지 좋아하지 않아.
→ Spring is not my favorite time of year.

타임스퀘어는 뉴욕에서 내가 좋아하는 곳 중 하나야.
→ Time Square is one of my favorite places in New York.

원예는 내가 가장 좋아하는 여가시간 활동이야.
→ Gardening is my favorite spare time activity.

잠깐 기다려! 내가 제일 좋아하는 가수가 텔레비전에 나왔단 말이야.
→ Just a moment! My favorite singer is on TV.

어휘 공부

• my favorite: 내가 좋아하는

have a go

시험 삼아 해봐.
→ Have a go.

이번에는 내가 한번 해볼게.
→ Let me have a go at it this time.

불안을 극복하고 말 타기에 도전해보세요.
→ Conquer your nervousness and have a go at horse-riding.

날 위해 한번 해볼래?
→ Will you have a go for me?

해봅시다.
→ Let's have a go at it.

내가 해봐도 돼요?
→ Can I have a go at it?

어휘 공부

• have a go: ~을 한번 해보다

boring

내 말이 지겹니? → Am I boring you?

나는 남녀공학이 더 좋아, 남학교는 분명 지루할 테니까.
→ I prefer mixed school because boys' school must be really boring.

선생님은 좋은데, 수업은 정말 지루해.
→ Our teacher is nice, but his lectures are so boring.

솔직히 말하면, 판소리는 약간 지루하고 졸릴 수 있어.
→ To be honest, Pansori is a bit boring and can put you to sleep.

내 미래에 대해 모든 것을 알게 된다면, 삶이 재미없어질 거야.
→ Life would be boring if I knew everything about my future.

하루 종일 집에 있는 건 매우 지겨운 일이야.
→ It is so boring to stay home all day long.

어휘 공부

• boring: 지루한, 지루하게 하다

up to you

네 마음대로 해(너한테 달려있다).
→ It's up to you.

그 사람한테 사과해야 돼요. 뭐 당신이 알아서 할 일이지만요.
→ You should apologize to him. But that's up to you.

좋아, 이제 너한테 달렸어. 네가 원하는 데로 가봐.
→ Okay, it's up to you. You can drive it anywhere you want.

다 너 하기에 달렸어.
→ Everything's up to you.

그건 여러분의 판단에 맡기겠습니다.
→ I leave that one up to you to judge.

이 문제를 확실하게 해결하는 건 당신에게 달렸어요.
→ It's up to you to sort this out.

어휘 공부

* It's up to you: 너에게 달렸어

have a point

그 점에서 네 주장도 타당하구나.
→ You have a point there.

너의 엄마 말은 일리가 있어. 엄마 말 들어.
→ Your mom has a good point. Listen to her.

네 말도 일리는 있지만, 모든 사람이 여행을 좋아하는 건 아니야.
→ You've got a point there, but not everyone likes to travel.

사람들이 가끔씩 쉬는 시간을 가져야 한다는 너의 말은 일리가 있어.
→ I think you have a point when you say people need to take a break from time to time.

어휘 공부

● You have a point: 일리가 있다, 일리가 있는 말이야

watch

발조심 해. (발부리) → Watch your step.

말조심 해!
→ Watch your mouth!
→ Watch your tongue!
→ Watch your language!

항상 네가 사용하는 언어를 조심해야 한단다.
→ You always have to watch your language.

말을 조심하고 거짓말을 하지 마세요.
→ Watch your language and keep your lips from telling lies!

뒤를 조심해, 안 그러면 총 맞아 죽는 수가 있어.
→ Watch your back, or you may be gunned down.

어휘 공부

● watch your step: 조심해서 걷다(발밑을 조심하다), 조심하다

everything you heard

당신이 들은 것 모두 사실이다.

→ Everything you heard is true.

당신이 들은 모든 것을 믿지 마세요.

→ Do not believe everything you hear.

어휘 공부

• everything you heard: 네가 들은 모든 것

What are you looking at?

뭘 보고 있니?

→ What are you looking at?

무엇을 보고 있나요? / 시계를 보고 있어요.

→ What are you looking at? / I'm looking at the clock.

어휘 공부

• What are you looking at?: 뭘 보고 있니?

pass

집 근처를 지나다 들렀어요.

→ I was passing the house.

기차역으로 가는 길에 은행을 지나가게 된다.

→ You'll pass a bank on the way to the train station.

경관은 집집마다 돌며 다녔다.

→ The policeman passed from house to house.

극장을 지난 후에 오른쪽으로 가세요.

→ Turn right after you pass the theater.

what does it say?

뭐라고 쓰여 있니?

→ What does it say?

제목 좀 읽어줄래? 뭐라고 쓰여 있니?

→ Can you read the title for me? What does it say?

전화번호부 책에서 제인 번호 좀 찾아줄래? 뭐라고 쓰여 있니?

→ Please look up Jane's phone number in the phonebook. What does it say?

어휘 공부

* What does it say?: 뭐라고 쓰여 있니?

look out

차 조심해(위험해요).

→ Look out.

→ Look out! There's a car coming.

→ Look out for cars!

조심하세요, 그렇지 않으면 차에 치일 겁니다.
→ Look out, or you will be run over.

소매치기들을 조심해야 한다.
→ You should look out for pickpockets.

오토바이 조심해! → Look out for the motorcycle!

어휘 공부

- look out: 조심하다
- be careful: 조심하다 (여유 있는 상황)
  예) 조심해서 집에 들어가 → Be careful and go home.
  　　감기 걸리지 않게 조심해 → Be careful not to catch a cold!
- watch out / look out: 조심하다 (긴급한 상황)
  예) 조심해! 차가 오고 있어 → Watch out! There is a car coming!

fancy

나는 그 남자가 맘에 들지 않았어요.
→ I didn't fancy him.

그녀가 나한테 반한 것 같아.
→ I think she fancies me.

난 당신에게 관심 없다고 한 적 없어요.
→ I never said I don't fancy you.

나는 정말 그에게 반했어, 하지만 나는 그가 알기를 바라지 않아.
→ I really fancy him, but I don't want him to know that.

어휘 공부

• fancy: ~에게 (성적) 매력을 느끼다

better for

저한테는 아침이 더 좋아요. (약속 정할 때)

→ Morning is better for me.

난 금요일이 더 좋아요. → Friday is much better for me.

수요일 오후가 괜찮은데요.

→ Wednesday afternoon would be better for me.

3시 반이면 난 더 좋겠습니다.

→ Three-thirty would be better for me.

밀어붙이는 게 좋겠어. → It's better for me to press on.

난 가는 게 좋겠어. → It's better for me to get going.

바쁘게 지내는 게 좋겠어. → It's better for me to stay busy.

어휘 공부

- be better for me: ~가 더 좋아요
- It's better for me to + 동사원형: 난 ~하는 게 좋겠어

same time same place

같은 시간 같은 장소에서 만나요.
→ See you same time same place.

내일 같은 시간 같은 장소에서 만나요.
→ See you tomorrow same time, same place.

난 널 같은 시간, 같은 장소에서 만날 거야.
→ I will meet you same time, same place.

다음 주에 같은 시간 같은 장소에서 만나.
→ See you next week, same time, same place.

어휘 공부

* See you same time same place: 같은 시간 같은 장소에서 만나요

such

그게 인생이에요.

→ Such is life.

→ That's life.

→ Life's like that.

슬퍼하지 마세요. 인생이란 다 그런 겁니다!
→ Don't be sad, please. Such is life!

세상이란 다 그런 것이다.   →   Such is the world.

이것이 내 실정이야.   →   Such is the case with me.

그건 나의 의도가 아니었어.   →   Such is not my intention.

어휘 공부

• such: 그러한 것, 그러한 사람, ~하는 사람들

I can feel it

오늘은 좋은 하루가 될 것 같다. 그런 예감이 든다.
→ It's going to be a good day. I can feel it.

오늘은 왠지 운이 따를 것 같군.
→ I can feel it. Today's going to be my lucky day.

그들은 다시 만나게 될걸. 두고 볼 필요도 없이 분명해.
→ They'll get back together soon. I can feel it in my bones.

해낼 거야. 감이 와!
→ I'm going to get it. I can feel it in my bones.

어휘 공부

• I can feel it: 그런 예감이 든다
• feel it in one's bones: ~을 직감적으로 확신하다, 직감하다

Who is it?

누가 한 전화였어?
→ Who was it?

누구세요?
(밖에서 누가 문을 두드릴 때, 또는 옆에서 전화 받는 사람에게 물을 때)
→ Who is it?

누구니? (전화상 반말)
→ Who is this?

누구세요?
→ Who's calling?

실례지만 어디십니까?
→ May I ask who's calling, please?

Where did you get?

그거 어디서 났니?

→ Where did you get that?

그 정보 어디서 났어?

→ Where did you get that information?

그 책 어디서 났어요?

→ Where did you get that book?

그 파이 어디서 난 거죠?

→ Where did you get that pie?

어휘 공부

* get: 뭔가를 손에 넣다

I am home

다녀왔습니다.

→ I am home.

아빠 오셨다.

→ Dad's home.

할머니 오셨다. (같이 살지 않을 때)

→ Grandma is here.

자장면 왔다.

→ 자장면 is here.

어휘 공부

* 같이 사는 식구가 집에 돌아왔을 때: 주어 + is home
* 같이 사는 식구가 아닌 사람이 왔을 때: 주어 + is here
* 배달 주문한 음식이 왔을 때: 주어 + is here

a bad time

제가 바쁜 시간에 왔나 봐요?
→ Is this a bad time for you?

지금이 도움을 청하기에 좋지 못한 때라는 건 알아요.
→ I know that this is a bad time to ask for help.

내가 바쁠 때 전화했니?
→ Am I calling at a bad time?

어휘 공부

• a bad time: ~에 좋지 않은, 바쁜

ride

집까지 태워줄까?
→ Do you want a ride home?

시내까지 태워다줄까요?
→ Want a ride to the downtown?

그는 나와 차를 같이 타려 하지 않았다.
→ He did not want to share a ride with me.

헬리콥터를 타고 가고 싶어요.
→ I want to go on a helicopter ride.

아빠! 업어주세요.
→ Daddy, I want a piggyback ride!

어휘 공부

* a piggyback ride: 업어주기
* a ride: 타기

catch up

너는 뒤떨어진 수업을 못 따라올 거야.
→ You will never catch up.

곧 뒤따라갈 겁니다.
→ I'll catch up with you in a minute.

이번 주말에는 밀린 잠 좀 자야지.
→ I'm going to catch up on sleep this weekend.

그는 날 잡으러 쫓아올 순 없을 거야.
→ He won't be able to catch up with me.

나는 오늘 밤 밀린 편지를 써야 한다.
→ I have to catch up on writing letters tonight.

어휘 공부

* catch up: (뒤떨어진 수업 등을) 따라잡다

catch you

마침 잘 만났다. → I'm glad I caught you.

나중에 또 보자. → Catch you later. (또는 see you later)

체육관에서 저를 만나는 건 정말 힘든데요.
→ It's really hard to catch me in a gym.

난 당근 정말 싫어해. 넌 내가 당근 먹는 걸 절대 보지 못할 거야.
→ I hate carrots; you won't catch me eating them.

그가 나의 험담을 하고 있는 것을 목격했다.
→ I caught him speaking ill of me.

나는 그녀가 건물을 나서는 것을 때마침 만났다.
→ I caught her just as she was leaving the building.

지금 바쁜 것 같으니 다음에 오지요.
→ I'll try to catch you some other time.

어휘 공부

• I'm glad I caught you: 마침 잘 만났다

do this to me

너 어떻게 나한테 이럴 수 있니? → You can't do this to me.

그 녀석이 다른 사람에게 이런 짓을 하게 내버려둘 수는 없어.
→ I can't let him do this to anyone else.

나한테 이러지 마. → Don't do this to me.

너한테 이럴 수밖에 없는 거 미안해 정말.
→ I'm really sorry to do this to you.

어쩜 나한테 이럴 수 있어!
→ I can't believe you did this to me!

어떻게 저에게 그런 일을 할 수 있는지 이해가 되지 않았어요.
→ I didn't understand how she could do this to me.

어휘 공부

• let + 목적어 + 동사원형: ~로 하여금 ~하게 하다
• You can't do this to me: 너 어떻게 나한테 이럴 수 있니?

have good chemistry

너와 통하는 데가 있다.
→ I think we have very good chemistry between us.

그들은 팀원들 간에 끈끈함이 없어.
→ They have no team chemistry.

그 부부는 금실이 좋다.
→ The couple share good marital chemistry.

그와는 정말 잘 통해.
→ He and I have really great chemistry.

그녀와는 잘 맞지 않아요.
→ The chemistry with her isn't right.

우리 정말 잘 통해. → We have good chemistry.

어휘 공부

• have good chemistry: 잘 통하다

through with

당신하고 끝장이야.

→ I am through with you.

....

이제 결판을 지어도 좋을 때다.

→ It's high time we were through with it.

....

나는 한동안 그와의 관계를 끊을 것이다.

→ I'll be through with him in a while.

....

그는 술을 끊었다.

→ He was through with alcohol.

....

어휘 공부

● be through with: 끝장나다

say the right thing

당신이 옳아요. 바른말 했어요.

→ You are right.

→ You said the right thing.

당신은 언제나 교과서 같은 말만 하는군요.

→ You always say the right thing.

적절한 시기에 적절한 말을 하는 법을 배우세요.

→ Learn to say the right thing at the right time.

어휘 공부

* say the right thing: 바른말을 하다

read a bedtime story

나는 자기 전에 아이들에게 이야기책을 읽어준다.
→ I read bedtime stories.

....

유모는 잠들기 전에 아이에게 책을 읽어 주었다.
→ The nursemaid read the child a bedtime story.

....

나 잘 때 이야기책 읽어줄 거예요?
→ Will you read me a bedtime story?

....

저는 아들에게 잠자리에 들 때 마음을 가라앉히도록 이야기를 자주 읽어
줍니다.
→ I often read my son bedtime stories to soothe him.

....

어휘 공부

* read bedtime stories: 잘 때 이야기책을 읽어주다

nothing to do

그것에 대해선 할 말이 없어요.

→ I have nothing to say about it.

나는 숨길 것이 없어!

→ I have nothing to hide!

우리는 아무런 불만이 없다.

→ We have nothing to complain of.

그것 말고는 너한테 얘기할 게 없다.

→ I have nothing to tell you beyond that.

어휘 공부

• nothing to do: ~할 것이 없다 (to부정사의 형용사적 용법)

What's going on?

존은 여기에 무슨 일이 일어나고 있는지 알고 싶어 해요.
→ John wants to know what's going on here.

이 텐트 안에서 무슨 일이 일어나고 있는 것인지 알고 싶어 합니다.
→ They want to know what's going on inside the tent.

그들은 주변에 무슨 일이 일어나는지 잘 알고 있는 것 같아요.
→ It seems like they know what's going on all around them.

이해를 못하겠어. 대체 무슨 생각으로 사는 걸까?
→ I don't get it. What's going on in his head?

그 안에 무슨 일 있어요? 왜 그래요?
→ What's going on in there?

내게 무슨 일인지 알려줘요.
→ Tell me what's going on.

어휘 공부

* what's going on?: 무슨 일이에요?

the first time

처음에 내가 너를 보았을 때 아마도 이 친구는 다르다고 느꼈다.
→ The first time I saw you I felt, maybe this guy is different.

처음 그것을 보았을 때는 입이 딱 벌어졌어요.
→ The first time I saw that, my jaw just dropped.

처음으로 그녀를 보았을 때, 나는 심장마비로 쓰러질 뻔했다.
→ The first time I saw her, I almost had a heart attack.

처음 그녀를 본 순간, 전 그녀가 천사를 닮았다고 생각했어요.
→ The first time I saw her, I thought she looked like an angel.

어휘 공부

• The first time I saw + 목적어: 처음 ~을 본 순간

all

그가 관심을 가졌던 것은 모두 나무나 꽃들뿐이지요.

→ All he was interested in is trees and flowers.

당신이 초대한 사람들이 다 올 것이다.

→ All the people you invited are coming.

내가 원하는 것은 돈뿐이다.

→ All I want is money.

그를 기다리는 것밖에 할 도리가 없다.

→ All we can do is to wait for him.

어휘 공부

* All he was interested: All과 he 사이에 관계대명사 that 생략.
* all: (관계사절을 이끌어) ~한 모든 것 (관계대명사는 보통 생략함)

as much as

내가 아는 만큼 너도 알고 있지.
→ You know as much as I do.

원하는 만큼 마시세요.
→ You can have as much as you like.

옛날만큼 내 파란색 옷이 좋지 않아요.
→ I don't like my blue dress as much as I used to.

내 동생은 나만큼 만화책을 좋아한다.
→ My brother enjoys reading comic books as much as I do.

내가 할 수 있는 한 너를 지지해줄게.
→ I will stand by you as much as I can.

원하는 만큼 가지세요.
→ Take as much as you want.

어휘 공부

● as much as: ~만큼

blame ~ for

당신이 그렇게 할만합니다.
→ I don't blame you.

··

당신이 그걸 했다고 해서 비난하는 것은 아닙니다.
→ I don't blame you for doing that.

··

네가 그런 식으로 생각하는 것에 대해서 비난하지 않는다.
→ I don't blame you for thinking that way.

··

당신이 그런 감정을 갖는 것도 무리가 아니겠군요.
→ I don't blame you for your feelings.

··

트집 잡을 걸 잡아야지!
→ You can't blame me for that!

··

어휘 공부

 ● blame + 목적어 + for: ~에 대해서 비난하다

not to ~

이건 비밀인데, 아무한테도 말하지 않기로 약속해.
→ It's a secret, promise not to tell anyone.

네 생일을 잊어버리지 않겠다고 약속할게.
→ I promise not to forget your birthday.

다시는 늦지 않겠다고 약속하겠습니다.
→ I promise not to be late again.

울지 않겠다고 약속할게.
→ I promise not to cry.

그는 더 이상 법을 위반하지 않기로 약속했다.
→ He promised not to break any more laws.

늦잠을 자지 않겠다고 약속했다.
→ I promised not to oversleep.

어휘 공부

• to 부정사의 부정은 to 앞에 not을 붙인다.

remind of

제가 우리 문제의 심각성을 당신에게 상기시켜드려도 되겠습니까?
→ Let me remind you of the seriousness of our problem.

이러한 캠페인은 사람들에게 그 질병을 상기시킬 것입니다.
→ Such a campaign will remind people of the disease.

상기시켜줘서 고마워요.
→ Thank you for reminding me of it.

이걸 보니 지난번 네가 실수한 거 생각나지?
→ Does this remind you of the mistake you made last time?

어휘 공부

• remind A of B: A에게 B를 생각나게 하다

get back to

읽던 책을 다시 읽어야겠어. 괜찮겠지?
→ I must get back to this. Okay?

우리는 가능하면 빨리 정상으로 돌아오려고 애썼습니다.
→ We tried to get back to normal as soon as possible.

늦어도 정오까지 사무실에 들어가야 합니다.
→ I have to get back to the office by noon.

자, 이제 일 이야기로 돌아가자.
→ Now, let's get back to business.

어휘 공부

• get back to: ~로 되돌아가다

think over

여기 내 명함이 있네. 내 제안 잘 생각해보게나.
→ Here is my card. Think it over.

며칠 여유를 가지고 우리 제안을 생각해보세요.
→ Take a few days to think over our offer.

그는 그 일을 더 생각해보고 싶었다.
→ He wanted more time to think it over.

내일까지 생각하게 해주시오.
→ Let me think it over till tomorrow.

이 일을 잘 생각해보고 싶다.
→ I'd like to think this over.

어휘 공부

• think + 목적어 + over: (특히 결정을 내리기 전에) ~을 심사숙고하다

patient with

아이들에게 성미 급하게 굴지 마시오.
→ Be patient with children.

그녀는 그에게 아주 참을성 있게 대한다.
→ She's very patient with him.

그는 남들에 대해 참을성이 있다.
→ He is patient with others.

때로는 여러분 자신에 대해 인내심이 있어야 합니다.
→ Sometimes you have to be patient with yourself.

저는 성격이 급한 손님들을 상대할 때는 인내심을 가져야 한다는 것을 배웠습니다.
→ I learned to be patient with short-tempered customers.

어휘 공부

• be patient with: ~에게 인내심을 갖다

Is that clear?

(경고를 한 후) 내 말 알아듣겠어?
→ Is that clear?

넌 시키는 대로 하면 돼. 알겠어?
→ You'll do as you're told. Is that clear?

난 시끄러운 건 원치 않아. 이해됐어?
→ I don't want any noise. Was that clear?

어휘 공부

• 여기서 Is that clear?는 Do you understand?의 의미.

run

사업을 하고 있어요. 2년 동안 해오고 있지요.
→ I run the business. I have run it for 2 years.

우리는 2개의 공장과 1개의 작은 호텔을 경영하고 있다.
→ We run two factories and a small hotel.

주인을 대신해서 그걸 경영하고 있을 뿐이야.
→ I just run it for the owner.

우리 부모님은 식당을 운영하신다.
→ My parents run a restaurant.

김 씨는 가게를 운영합니다.　　→　Mr. Kim runs the shop.

저는 이러한 자세로 회사를 운영합니다.
→ I run my company with this attitude.

그녀는 카페를 운영해요.　　→　She runs the cafe.

어휘 공부

• run: 운영하다

be up to

전화해도 되니? / 네 마음대로 해.
→ Can I call you? / It's up to you.

네가 인생에서 성공할지 아닐지는 네 자신에게 달렸다.
→ It's up to you whether you succeed in life or not.

그 남자를 방문하고 말고는 네 맘이다.
→ It's up to you whether you visit him or not.

가든지 남든지 그것은 당신 자유입니다.
→ It's up to you whether you go or stay.

우리 외식할까 아니면 그냥 집에 있을까? 너 좋을 대로 해.
→ Shall we eat out or stay in? It's up to you.

어휘 공부

* be up to + 목적어: ~에게 달려있다

one's ears are burning

귀가 근질근질한 걸 보니 누가 내 말을 하고 있나 봐.
→ My ears are burning. Someone must be talking about me.

귀가 간지러워? 우리가 네 얘기했어.
→ Your ears are burning? We were talking about you.

왜 이렇게 귀가 가려운지 모르겠네.
→ I don't know why my ears are burning like this.

어휘 공부

• one's ears are burning: 누구의 귀가 근질근질하다

dog eat dog

바깥세상은 경쟁이 치열하답니다.

→ It's dog eat dog out there.

거기서는 먹고 먹히는 경쟁이 치열하다.

→ It is very much dog eat dog out there.

지금 건강 서비스업은 냉혹한 경쟁상태이다.

→ It's dog eat dog in the health service now.

세상 정말 냉정하군요!

→ What a dog-eat-dog place the world is!

어휘 공부

* It's dog eat dog out there: 바깥세상은 경쟁이 치열하다

learn it by heart

그것을 암기하니?

→ Do you learn it by heart?

나는 그것을 모조리 암기하려고 했다.

→ I tried to learn all of it by heart.

너는 그것들을 암기해야만 한다.

→ You have to learn them by heart.

그녀는 시를 암기한다.

→ She learns a poem by heart.

어휘 공부

* learn + 목적어 + by heart: ~을 암기하다
* know + 목적어 + by heart: ~을 암기하다

have a sense of

당신은 유머감각이 풍부하시군요.
→ You have a great sense of humor.

그는 위생 관념이 없다. → He doesn't have a sense of hygiene.

후각이 좋으시군요. → You have a good sense of smell.

편집자는 언어 감각이 있어야 한다.
→ An editor needs to have a good sense of language.

패션 감각이 뛰어나시네요. → You have a good sense of style.

나는 길눈이 밝다. → I have a good sense of direction.

어휘 공부

* have a great sense of humor: 유머 감각이 풍부하다
* have a good sense of: ～감각이 풍부하다, 뛰어나다

long face

왜 이리 우울하세요? → Why the long face?

너 왜 이리 시무룩한 거니? → Why do you have a long face?

그렇게 인상 쓰지 마(인상 좀 펴).
→ Don't pull a long face.
→ Don't make a long face.

그는 침울한 얼굴로 그 얘기를 했다.
→ He told the story with a long face.

그녀는 언짢은 표정으로 나한테 얘기했어.
→ She talked to me with a long face.

그는 시험에 떨어진 후 침울한 얼굴을 하고 있다.
→ He has had a long face ever since he failed the examination.

그는 어두운 표정으로 나를 찾아왔다.
→ He came to me with a long face.

어휘 공부

● a long face: 침울한 얼굴

What happened?

그 다음에 어떻게 되었는데? → What happened after that?

어젯밤에 무슨 일이 있었니? → What happened last night?

존에게 무슨 일이 있었니? → What happened to John?

너한테 무슨 일이 있었니? → What happened to you?

너 머리 어떻게 한 거니? → What happened to your hair?

네 무릎 왜 그렇게 된 거니? → What happened to your knee?

내가 없는 사이에 무슨 일이 있었어?
→ What happened While I was gone?

브라질로 이사한다는 네 계획은 어떻게 됐니?
→ What happened to your plan to move to Brazil?

어휘 공부

* What happened to: ~에게 무슨 일이 일어났니?

bittersweet feeling

시원섭섭합니다.
→ It's kind of a bittersweet feeling.

전 그 영화의 희비가 엇갈리는 스토리가 재미있었어요.
→ I enjoyed the bitter-sweet story of the movie.

시원섭섭하군요.
→ It's bitter-sweet.

그는 인생의 쓴맛 단맛을 다 맛본 사람이다.
→ He has tasted the sweets and bitters of life.

어휘 공부

• bitter sweet feeling: 시원섭섭한 감정

in the end

결국 어떻게 했니?
→ What did you do in the end?

결국에, 우리는 그것을 충당할 수가 없었다.
→ In the end, we just couldn't afford it.

선은 결국에는 악을 이긴다.
→ Virtue triumphs over vice in the end.

나는 결국 그가 이길 것을 의심치 않는다.
→ I do not doubt that he will win in the end.

결국 그것이 싸게 먹힌다.
→ That is cheaper in the end.

어휘 공부

• in the end: 결국
• What did you do?: 무엇을 했는데?

feeling better

(몸이 아플 때) 좀 더 나아졌니?
→ Feeling better?

지금쯤 기분이 나아졌기를 바라.
→ I hope you are feeling better by now.

오늘은 기분이 나아졌습니까?
→ Are you feeling better today?

당신은 컨디션이 좋을 때 다른 시험을 볼 수 있어요.
→ You can take a different test when you are feeling better.

당신 건강이 좋아지고 있다니 기쁩니다.
→ I'm glad you are feeling better.

이제 다리가 괜찮아졌어.
→ My legs are feeling better now.

어휘 공부

• (Are you) Feeling better?: 좀 더 나아졌습니까?

an important matter

당신과 토론할 중요한 용건(문제)이 있어요.
→ I have an important matter to discuss with you.

....

이것은 고려해볼 중요한 사안이다.
→ This is an important matter to consider.

....

처리해야 할 더 중요한 사안들이 있다.
→ There are more important matters to deal with.

....

나는 중요한 문제가 있다.
→ I have an important matter to attend to.

....

그와 의논해야 할 긴급한 일이 있습니다.
→ I have some urgent matters to discuss with him.

....

어휘 공부

• an important matter to discuss: to 부정사의 형용사적 용법 (~할)
• attend to: ~처리하다, 돌보다

Could you tell me?

그것이 무슨 뜻인지 말씀해주실래요?
→ Could you tell me what it means?

이 책의 저작권자가 누구인지 아세요?
→ Could you tell me who owns the copyright for this book?

도서관이 어디 있는지 알려주실 수 있나요?
→ Could you tell me where the library is?

여자 화장실이 어디 있는지 좀 알려주시겠어요?
→ Could you tell me where the ladies' toilet is?

여기가 어딘지 말해주실래요?
→ Could you tell me where I am?

어휘 공부

● Could you tell me + 의문사: ~말해주시겠어요?

What does it mean?

그게 무슨 뜻이죠?
→ What does it mean?

당신에게 첼로란 어떤 의미입니까?
→ What does the cello mean to you?

당신의 이름은 어떤 의미입니까?
→ What does your name mean?

그것은 당신과 당신의 가족에게 어떤 의미가 있는가?
→ What does it mean to you and your family?

성공했다는 게 무슨 의미인가?
→ What does it mean to be successful?

어휘 공부

• What does + 주어 + mean?: ~은 무슨 뜻이죠?

Would you mind ~ing?

그것을 다시 설명해주시겠어요?
→ Would you mind explaining that again?

다음 달에 오전조로 근무하는 건 어때요?
→ Would you mind working the morning shift next month?

사진 좀 찍어주시겠어요? → Would you mind taking a picture?

창문 좀 닫는 것이 어때요?
→ Would you mind closing the window?

잠깐 기다려주지 않을래요? → Would you mind waiting a little?

다시 보내주시겠습니까? → Would you mind sending it again?

차를 뒤로 빼주시겠어요? → Would you mind backing up, please?

그것을 다르게 설명해주시겠어요?
→ Would you mind explaining that another way?

어휘 공부

• Would you mind + ~ing: ~해주시겠어요? / Yes의 의미는 No로 대답해야 함.

stop ~ing

지나친 상상은 하지 마세요. 제발.

→ Will you stop imagining things, please?

제발 그만 울고 무슨 일인지 내게 말해 봐.

→ Please stop crying and tell me what's wrong.

나를 아이 취급하지 마세요.

→ Stop treating me like a child.

하루 종일 그치지 않고 비가 계속 내리고 있네.

→ It has never stopped raining all day.

그의 훼방을 말릴 도리가 없군.

→ Nothing will stop his interfering.

어휘 공부

- stop + ~ing: ~하기를 멈추다
- imagining things: 지나친 상상을 하다

have had enough of

난 그 남자의 지나친 행위에 질렸어.
→ I have had enough of his behavior.

그의 변명은 지겨워.
→ I've had enough of his excuses.

네 뻔뻔함에 이젠 질렸어.
→ I have had quite enough of your impudence.

나는 이 불결한 기숙사 음식에 질린 것 같아요.
→ I think I've had enough of this lousy dorm food.

이제 비라면 진절머리가 난다.
→ We have had enough of rain.

전 저를 소홀히 대하는 남자들에게 질렸어요.
→ I've had enough of men who treat me like dirt.

어휘 공부

• have had enough of: ~에 질리다, ~으로 족하다, 충분하다

talk over

차를 한잔 마시면서 이야기를 나누자.
→ Let's talk over tea.

마시면서 얘기 나눕시다.
→ Let's have a talk over drinks.

커피를 마시면서 얘기하죠.
→ Let's talk over coffee.

나는 이 문제를 샘과 상의할 거야.
→ I will talk over this matter with Sam.

그 일에 관해서 부모님과 의논해봐야겠습니다.
→ I'll have to talk over the matter with my parents.

어휘 공부

• talk something over (with somebody): (~와) ~에 대해 이야기를 나누다

have the right to

당신은 묵비권을 행사할 권리가 있습니다. (경찰 체포 시 주로 하는 말)
→ You have the right to remain silent.

당신은 투표할 권리가 있습니다.
→ You have the right to vote.

내게 이래라 저래라 할 권리라도 있다고 생각하는 거야?
→ Do you think that you have the right to push me around?

부모는 자식을 보호할 권리가 있다.
→ Parents have the right to protect their children.

나는 좋은 대접을 받을 권리가 있어요.
→ I have the right to be treated properly.

고객들은 환불을 요구할 권리가 있다.
→ Consumers have the right to demand a refund.

어휘 공부

• have the right to: ~할 권리가 있다

before I forget

잊기 전에 말해두겠는데, 그들은 당신이 오늘 저녁 오는 것으로 알고 있어.
→ Before I forget, they expect you this evening.

잊기 전에 감사 카드를 보내는 게 좋겠어요.
→ I'd better send them a thank-you card before I forget.

내가 잊어버리기 전에 말하는 건데, 당신에게 이탈리아에서 전화가 왔었어요.
→ Before I forget, there was a call from Italy for you.

잊기 전에 그 날짜를 써놓아야겠군요.
→ Let me write down that date before I forget.

잊기 전에 내 새 전화번호 알려줄게.
→ Before I forget, let me tell you my new phone number.

어휘 공부

● before I forget: 잊기 전에 말해 두겠는데

talk on the phone

전화로는 얘기할 수 없어요.
→ I can't talk on the phone.

통화를 너무 길게 하지 마세요.
→ Don't talk too long on the phone.

존과 메리는 통화하고 있다.
→ John and Mary are talking on the phone.

운전 중 전화로 이야기하는 것은 안전하지 않다.
→ Talking on the phone while driving is not safe.

그 수다쟁이는 세 시간 동안 통화를 해야만 한다.
→ The load of wind has to talk on the phone for three hours.

어휘 공부

* talk on the phone: 전화로 이야기하다

Mind if ~

내가 자리를 함께해도 될까요?

→ Mind if I join you?

내가 여기서 담배를 피워도 되나요?

→ Mind if I smoke here?

네 모자 써도 되니?

→ Mind if I use your hat?

제 스케줄 의논 좀 해도 될까요?

→ Mind if I talk about my schedule?

앉아도 될까요?

→ Mind if I take a seat?

어휘 공부

● (Do you) mind if + 주어 + 동사: ~해도 될까요?

say something

무슨 말 좀 해봐.
→ Why don't you say something?

나는 그가 뭔가 말을 해줄 것을 애타게 바랐다.
→ I longed for him to say something.

무언가 할 말이 있을 때에는 먼저 손을 드세요.
→ When you want to say something, raise your hand first.

무슨 말 하기 전에 심사숙고해라.
→ Put on your thinking cap before you say something.

뉴스에서 갑작스러운 폭설에 대한 언급이 있었어.
→ The news did say something about a surprise snow storm.

어휘 공부

• Why don't you + 동사: ～하지 그래요?
• say something: 무슨 말을 하다

just the beginning

이건 단지 시작에 불과해.
→ This is just the beginning.

그러나 이 활동들은 시작에 불과합니다.
→ But these activities are just the beginning.

자만하지 마라. 이제 시작일 뿐이다.
→ Don't flatter yourself. It's just the beginning.

이것은 축제의 서막에 불과합니다.
→ It is just the beginning of the festival.

어휘 공부

• just the beginning: 단지 시작에 불과해

It's urgent

존 씨 좀 뵀었으면 합니다. 급한데요.
→ I'd like to see John. It's urgent.

그분하고 연락할 수 있는 방법이 없을까요? 급한 일인데요.
→ Is there any way I can contact him? It's urgent.

괜찮아요. 바쁘지 않아요.
→ Don't bother. It's not urgent.

내일로 미루면 안 됩니다. 급한데요.
→ It cannot wait until tomorrow. It's urgent.

어휘 공부

• It's urgent: 급한데요

get used to

거기에 익숙하게 될 거야.
→ You'll get used to it.

힘든 걸 알지만 익숙해질 것이다.
→ I know it's hard, but you'll get used to it.

당신은 천천히 그것에 익숙해질 것입니다.
→ You'll get used to it slowly.

이것이 우리가 여기서 일을 하는 방식이야. 너도 곧 이 방식에 익숙해질 거야.
→ This is how we do things here. You'll soon get used to it.

차차 익숙해질 거야.
→ You will get used to it by degrees.

어휘 공부

* get used to: ~에 익숙하게 되다

this is it

올 것이 왔다. (지금 시작이야! 이 순간이 중요해!)
→ This is it.

자, 시작이야! 행운을 빌어줘.
→ Well, this is it! Wish me luck.

난 이제 끝이라고 생각했어.
→ I thought this is it.

이제 곧 시작이야. 2분 있으면 시작한다.
→ This is it. We're on in two minutes.

어휘 공부

• this is it: 올 것이 왔다, 지금 시작이야, 이 순간이 중요해, 이게 끝이야

mean a lot to me

그건 저한테 의미 있는 일이죠.
→ It means a lot to me. / It means a great deal.

그것은 단 하나뿐이라 내게 큰 의미를 가진다.
→ It means a lot to me since it is one of a kind.

이 목걸이가 나한테는 의미가 깊거든.
→ This necklace means a lot to me.

그의 사과가 내겐 큰 의미가 있어.
→ His apology means a lot to me.

나의 친구가 내겐 큰 의미가 있어.
→ My friend means a lot to me.

너의 대답이 내겐 큰 의미가 있어.
→ Your answer means a lot to me.

어휘 공부

• mean a lot to me: 나에게 큰 의미가 있어요

save one's place

내 자리 좀 봐줘. → Save my place.

잠깐만 제 자리 좀 봐주시겠어요?
→ Would you save my place for a minute, please?

네 옆에 자리 하나 맡아놔. → Save me a place beside you.

이리 와서 앉아. 내가 네 자리 맡아놨어.
→ Come and sit here. I've saved you a place.

내 자리 좀 맡아주실래요?
→ Would you hold my place, please?

참고: 자리 좀 봐주시겠습니까?
　　　→ Would you mind holding my place?
　　　→ Could you save my spot for a second?

어휘 공부

● save one's place: 아무의 자리를 봐주다

make it

해냈다. 우리 이젠 살았다. → We made it. We are alive.

30분이면 도착할 수 있을 것 같습니다.
→ I think you'll make it in 30 minutes.

어째서 그녀가 가수로 성공할 거라 생각하는 거니?
→ How do you know she'll make it as a singer?

내일까지 책임지고 일을 마쳐라.
→ Make it your business to finish the work by tomorrow.

나는 일을 해낼 거라 생각하지 않아. → I don't think I can make it.

목적지까지 잘 도착했어? → Did you make it to your destination?

해내지 못해서 정말 죄송스럽습니다.
→ I'm terribly sorry I couldn't make it.

아직 10분 남았어요. 서두르면 탈 수 있을 거예요.
→ We still have ten minutes. We'll make it if we hurry.

어휘 공부

● make it: 해내다, 시간 안에 도착하다

Which way is?

어느 쪽이 북쪽이냐?
→ Which way is north?

어느 쪽이 남쪽이냐?
→ Which way is south?

어느 쪽이 동쪽이냐?
→ Which way is east?

어느 쪽이 서쪽이냐?
→ Which way is west?

박물관은 어느 쪽입니까?
→ Which way is the museum?

엘리베이터는 어느 쪽이죠?
→ Which way is the elevator?

어휘 공부

* Which way is + 주어: ~은 어느 쪽이냐?

What does it matter?

그것이 어떻든 무슨 상관이냐?
→ What does it matter?

내가 그것에 십만 원을 쓴들 무슨 상관이야? 그건 내 돈인데!
→ What does it matter if I spent ₩100,000 on it — it's my money!

그게 너랑 무슨 상관이야?
→ What does it matter to you?

내가 안다 한들 무슨 상관이야?
→ What does it matter if I know?

내가 큰 소리로 말한다 한들 무슨 상관이야?
→ What does it matter if I speak up?

네가 몇 살이든 문제될 게 전혀 없어.
→ What does it matter how old you are.

어휘 공부

● What does it matter?: 그것이 어떻든 무슨 상관이야?

be going to

죽는 줄 알았어.

→ I thought I was going to die.

저는 공항에서 죽을지도 모른다고 생각했어요.

→ I thought I was going to die at the airport.

그때는 정말 죽는 줄 알았어.

→ I thought I really was going to die then.

어제 난 너무 힘들고 바빠서 거의 죽는 줄 알았어.

→ Yesterday, I was so busy and exhausted. I thought I was going to die.

어휘 공부

- be going to + 동사: ~을 할 것이다, ~일 것이다

I didn't know

나는 네가 왔는지 몰랐어.
→ I didn't know you had come.

네가 차를 갖고 있는 줄은 몰랐어.
→ I didn't know you owned a car.

네가 나에게 이렇게 깊은 관심을 가지고 있었는지 몰랐는걸.
→ I didn't know you had so much interest in me.

그게 그렇게 어려운 일인 줄 몰랐는데.
→ I didn't know that it was so hard to do.

그 사람이 당신한테 전화할 줄은 정말 몰랐어요.
→ I didn't know he would call you.

이렇게 바빠질 줄 몰랐어요.
→ I didn't know I was going to be so busy.

어휘 공부

* I didn't know + 과거동사: 네가 ~한 줄은 몰랐어

What do you say?

(제안을 해놓고 응답을 기다릴 때) 어떻게 할 거야?
→ What do you say?

파티 가자. 네 생각은 어때?
→ Let's go to the party. What do you say?

오늘은 여기까지. 어떻게 생각하세요?
→ Let's call it a day. What do you say?

우리 좀 쉬는 게 어때? → What do you say we take a break?

우리 바닷가에 가는 게 어때?
→ What do you say we go to the beach?

우리 톰에게 물어보는 게 어때?
→ What do you say we ask Tom?

공원을 산책하는 건 어때?
→ What do you say to taking a walk in the park?

어휘 공부

● What do you say?: 네 생각은 어때?

What made you?

너 여기 왜 왔니?

→ What made you come here?

왜 이 회사를 선택하셨나요?

→ What made you choose this company?

왜 화가 났어요?

→ What made you get angry?

왜 다시 전화했어요?

→ What made you call me again?

넌 왜 도서관에 갔어?

→ What made you go to the library?

어휘 공부

What made you + 동사원형: 뭐가 널 ~하게 했는데?

I don't know where to start

뭘 어디서 시작해야 할지 모르겠군.
→ I don't know where to start.

··

그림 그리기를 어디부터 시작해야 할지 모르겠어.
→ I don't know where to start painting.

··

나중을 위해서 어느 것을 아껴두어야 할지 모르겠어.
→ I don't know which to save for later.

··

먼저 뭘 먹어야 할지 모르겠어요.
→ I don't know what to eat first.

··

뭘 사야 할지 모르겠어.
→ I don't know what to buy.

··

어휘 공부

• I don't know + 의문사 + to + 동사원형: ~해야 할지 모르겠어

get lucky

아마도 이번엔 운이 좋을 거야.
→ Maybe I'll get lucky this time.

드디어 나도 운이 트이는 것 같다.
→ I think I'm finally starting to get lucky.

오늘밤 운이 좋길 원하는 게 나을 거야.
→ You'd better if you want to get lucky tonight.

살아남다니 운이 좋아.
→ I'm lucky to survive.

좋은 친구들이 있으니 난 운이 좋아.
→ I'm lucky to have good friends.

어휘 공부

• get lucky: 운이 좋다, 운이 트이다
• I'm lucky to + 동사원형: ~하다니 운이 좋아

it won't work

효과가 없을 거야. 시간이 필요해.
→ It won't work. She needs time.

....

나한테 아부하지 마. 소용없는 일이야.
→ Don't kiss up to me. It won't work.

....

그거 듣기엔 그럴듯한데 잘 안 될 겁니다.
→ That sounds all right, but it won't work.

....

이렇게 프러포즈하면 아마 성공하지 않을까요?
→ Won't it work if you propose like this?

....

그 계획은 서류상으로는 좋아 보이지만 그렇게는 안 될 거야.
→ The plan looks good on paper, but it won't work.

....

어휘 공부

● It won't work: 그렇게는 안 될 거야

break up

우리 헤어졌어. → We broke up.

여자친구하고 어제 헤어졌어요.
→ My girlfriend and I broke up yesterday.

그는 여자친구와 헤어지고 우울해 보였다.
→ He looked blue after he broke up with his girlfriend.

그 남자가 날 차버리다니 믿을 수가 없어!
→ I can't believe he broke up with me!

나 그 사람이랑 헤어졌어. → I broke up with him(her).

그 사람이 헤어지자고 해서 헤어졌어. → He (she) broke up with me.

나의 결혼생활이 파경이 되고 있었어.
→ My marriage was breaking up.

참고: 우리 별거 중이야. → We are separated.
　　 우리 이혼했어. → We are divorced.
　　 나 채였어. → I got dumped.
　　 그녀가 (그가) 찼어. → She(He) dumped me.

어휘 공부

◦ break up: (결혼 생활·우정 등이) 끝나다, 깨지다, (남녀가) 헤어지다

care about

너를 염려하는 사람들이 얼마나 많은데 그러니?
→ There are a lot of people who care about you.

I really care about the environment.
→ 난 진짜 환경에 관심이 있어.

무슨 일이 일어났든 난 신경 안 써.
→ I don't care about what happened.

난 그녀에게 아무 관심도 없어.
→ I don't care about her at all.

사람들은 그녀가 저지른 일에 신경 쓰지 않는군요.
→ People don't care about what she did.

어휘 공부

• care about: 신경 쓰다, 걱정하다, 관심 갖다
• I don't care about: ~에 대해서 신경 안 써, 관심 없어

make them suffer

그들이 고통받도록 해.
→ Make them suffer.

이 원피스는 나를 뚱뚱해 보이게 한다.
→ This dress makes me look fat.

그 무엇도 내 마음을 바꾸게 하지는 못해.
→ Nothing will make me change my mind.

그 소식은 그를 아주 행복하게 해주었다.
→ The news made him very happy.

당신은 러시아어로 의사소통을 할 수 있나요?
→ Can you make yourself understood in Russian?

어휘 공부

* make + 목적어 + 동사원형: ~가 ~하게 시키다
* make + 목적어 + 목적격 보어 (형용사/분사): ~를 ~하게 만들어주다

sort of

나는 음악을 조금 좋아한다.
→ I sort of like music.

내 말 이해하지? / 뭐 약간.
→ Do you understand? / sort of.

그녀가 실제로는 신경을 쓰지 않는 것처럼 다소 가장을 하고 있다.
→ She sort of pretends that she doesn't really care.

좀 비싸네.
→ It's sort of expensive.

난 제인이 약간 걱정돼.
→ I'm sort of worried about Jane.

어휘 공부

* sort of: 다소, 약간, 뭐랄까

I couldn't ~ at all

어젯밤에 전혀 잘 수가 없었어.

→ Last night, I couldn't sleep at all.

전혀 기억해낼 수가 없었어.

→ I couldn't recall at all.

전혀 생각할 수가 없었어.

→ I couldn't think at all.

전혀 이해할 수가 없었어.

→ I couldn't understand at all.

어휘 공부

● I couldn't + 동사원형 + at all: 전혀 ~할 수가 없었어

Who knows?

누가 알아? 어쩌면 그럴지도 모르지.
→ Who knows?

혹시 알아? 내가 유명한 첼리스트가 될지!
→ Who knows? Maybe I will become a famous cellist!

누가 알아? 걔가 대통령이 될지.
→ Who knows? He might be president.

누가 알아? 내가 하버드 갈지.
→ Who knows? I'll get into Harvard.

혹시 알아? 네가 내일이라도 직장을 얻을지.
→ Who knows? You might get a job tomorrow.

어휘 공부

• Who knows?: 누가 알아?, 아무도 모른다